LIVRE D'OR

DE LA

GRANDE GUERRE (1914·1919)

Ville de Chazelles-sur-Lyon

LIVRE D'OR

DE LA

Grande Guerre (1914-1919)

Ouvrage honoré d'une subvention du Conseil Municipal

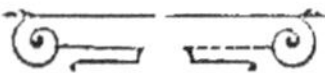

SOMMAIRE :

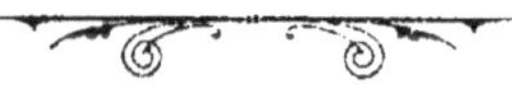

Imprimerie B.-A. BAZIN
2 et 3, Place de l'Église, 2 et 3
CHAZELLES-SUR-LYON

—

1919

A la mémoire de nos chers Compatriotes morts au champ d'honneur, et à leurs familles,

A tous les Soldats chazellois de la Grande Guerre,

Est dédié, en hommage, ce modeste Livre d'Or.

L. P.

Chazelles-sur-Lyon, 14 Juillet 1919, Fête Nationale et Fête de la Victoire.

L'Immortel Hommage

Quand, le deux août dix-neuf cent quatorze, dans le vieux clocher de Chazelles, sonna le tocsin qui annonçait la guerre, une intense émotion étreignit tous les cœurs. Dans les champs, où le soleil mettait la parure des beaux soirs d'été, les paysans suspendirent leur opiniâtre labeur, tout resplendissant des blés moissonnés et battus dans les aires; dans les usines et les ateliers, des conversations animées s'engagèrent, dissimulant mal les pensées graves et profondes; on vit des mères, des épouses, des sœurs et des fiancées cacher leurs larmes, que rendait saintes l'inaltérable amour. Un sentiment d'intime solidarité fit de toutes les âmes une seule âme : au-dessus des intérêts particuliers, la voix de la Patrie s'était élevée, ardente et douloureuse, appelant à l'aide tous ses enfants dans l'angoissant péril ! Car l'agresseur était là-bas, aux frontières violées, qui s'avançait, menaçant et terrible, formidablement armé, convaincu que la France surprise ne résisterait pas à son audace, à sa puissance, à ses canons, à ses légions.

Il fallait tout quitter pour sauver le Pays ! Et, tout à coup, dominant l'horrifiante apparition, un grand souffle passa, fait d'enthousiasme et d'héroïsme, comme aux jours de l'invasion dont les anciens se souvenaient, et dont ils parlaient à la veillée, quand descendaient l'ombre et la nuit..... Toute la bravoure des ancêtres, tout le patriotisme enseigné à l'école et dans la famille se réveillèrent, et il n'y eut, dans la fusion de toutes les opinions personnelles, qu'un seul parti : celui de la France qu'un ennemi perfide voulait égorger, et qu'il fallait défendre, au prix même du sang !

Alors, par les routes et les chemins rustiques, ils s'en allèrent vers le Devoir, les jeunes et les anciens, les pères de famille et les adolescents, ceux à qui l'avenir souriait, et ceux qui avaient déjà gravi l'âpre montée de la vie, où parfois quelques joies étaient venues tempérer l'amertume des tristesses et des désillusions..... Oh ! le dernier regard vers l'humble logis, vers les sites si doux au cœur, vers les monts lointains bordés de rose par l'aurore, vers le clocher de pierre dont les sanglots s'étaient arrêtés devant l'immensité du sacrifice qui allait s'accomplir ! Oh ! les embrassements répétés de ceux qui partaient à ceux qui restaient, les adieux émouvants de la femme et des enfants, les encouragements attendris, les promesses d'éternelle fidélité et d'impérissable souvenir !

Et, depuis lors, bien des jours se sont écoulés, tour à tour tristes et glorieux, rayonnants ou lugubres, monotones ou enfiévrés, semés de deuils et d'espérances, broyant les cœurs, faisant surgir d'admirables dévouements, mettant à nu les détresses et les égoïsmes, montrant à nos regards, par dessus les turpitudes, les louches compromissions et les spéculations éhontées de quelques-uns, les héroïsmes sacrés de l'âme nationale qui combattait au front, travaillait à l'arrière, priait dans les églises, souffrait avec patience, et espérait quand même, quand tout espoir semblait perdu !

L'épreuve a été longue et cruelle. Le sol français, jusqu'aux moëlles, a frémi tout entier de la profanation des provinces envahies. Les déportations systématiques, les meurtres de civils, hommes, femmes et enfants, les cathédrales bombardées, les monuments détruits, les beffrois incendiés, les cités et les villages anéantis, les campagnes dévastées, en appelant la colère de Dieu, ont soulevé l'anathème de toute notre race contre l'orgueil et la fourberie d'Outre-Rhin, où des monstres guidaient des êtres humains dans l'exécution des plus sinistres forfaits ! Et la Terre de France semblait plus belle, et le foyer devenait plus cher à chacun de nous, parce que, là-bas, vers l'est et vers le nord, des milliers et des milliers de foyers n'existaient plus, et, qu'à perte de vue, c'étaient des croix de bois qui, dans les champs désolés, remplaçaient les moissons jaunissantes.....

Hélas ! ceux qui dorment leur dernier sommeil sur les champs de bataille, à côté des Alliés tombés pour une juste cause, ce sont les nôtres qui, hier encore, égayaient la maison de leur présence. Leurs yeux se sont fermés sur la vision du Drapeau tricolore, du ciel où rayonnait la gloire, d'une modeste demeure où ils ne pénétreraient plus jamais... Et c'est la voix d'une mère, d'une épouse, de petits enfants, qu'ils ont entendue dans l'ultime rêve qui les a emportés vers une plus douce réalité ! Nos grands Morts sont immortels..... Mais il nous suffit que leur pensée suprême soit venue nous visiter, pour rendre nos seuils plus vénérables et plus dignes de notre amour.

C'est aussi vers la petite ville natale et vers ceux qui l'habitent que vous êtes accourus maintes fois en esprit, Blessés et Mutilés de la Grande Guerre, Prisonniers de la terre étrangère, Combattants et Soldats des Flandres et de l'Artois, de la Champagne et de la Marne, de la Somme et de l'Argonne, de Lorraine et d'Alsace, de Macédoine et d'Orient. Et dans les heures de souffrance atroce, d'irrésistible ennui, de perpétuel danger, vous avez aperçu, en un logis très simple, près d'un clocher banal qui paraissait très beau, un visage d'aïeule, de femme ou d'ange blond, qui vous souriait avec tendresse, pendant que des voix aimées vous criaient : Courage ! dans l'attente du définitif retour !

Puis, un jour, la Victoire a frôlé de son aile éclatante les Drapeaux noircis de poudre et déchiquetés par la mitraille ; au chant de la Marseillaise, parcelle par parcelle, lambeau par lambeau, dans l'ouragan de fer et de feu, les soldats du Droit ont reconquis le sol que l'ambition et la haine nous avaient ravi [1]. En ce gigantesque duel, où sur la terre, sur la mer, au sein des flots et dans les airs, tous les engins de destruction furent légués par le progrès aux œuvres de mort, nous n'avons fait que repousser l'attaque et venger nos Héros. La responsabilité de l'effroyable cataclysme demeurera, devant l'Histoire, aux empires centraux, et particulièrement à l'Allemagne, dont « l'épée aiguisée » se préparait à nous pourfendre quand nous ne songions qu'à la paix.

Le sursaut de la France a tenu du prodige, et l'organisation de la défense constituera pour les chefs militaires et civils qui en avaient assumé l'écrasante responsabilité, un immortel honneur, dont la part la plus grande doit revenir à nos admirables soldats de tout grade et de tout rang, qui ont étonné le monde par la soudaineté de la riposte et la vigueur de leur élan. Par deux fois, Paris fut tragiquement menacé ; par deux fois, JOFFRE et FOCH, à la Marne, éloignèrent le redoutable péril. Et pendant que WILSON, de l'autre côté de l'Atlantique, élevait fièrement au-dessus du monde le flambeau de la Liberté outragée, peu à peu, à la sinistre lueur des incendies allumés par la rage ennemie qui transformait nos villes en immenses brasiers, le Territoire s'est libéré, grâce à l'unité de commandement et à l'action commune des Alliés, et l'aube est apparue sur les ruines.....

Et maintenant, il nous faut rendre hommage à ceux qui sont tombés au champ d'honneur, à ceux qui ont souffert, à ceux qui ont combattu, à ceux qui ont connu les

---

(1) L'armistice, signé le 11 Novembre 1918, a été l'occasion de manifestations d'un enthousiasme indescriptible dans toute la France, mais surtout à Paris.

Nos troupes, ayant à leur tête le maréchal PÉTAIN, ont fait leur entrée solennelle à Metz le 19 Novembre 1918, et à Strasbourg le 25 Novembre. Le 17 du même mois, elles étaient entrées à Mulhouse, et, sous le commandement du général de CASTELNAU, à Colmar, le 22. Partout la fidélité des Alsaciens-Lorrains à la France s'est affirmée d'une façon éclatante.

Le Gouvernement, représenté par Monsieur POINCARÉ, Président de la République, Monsieur CLÉMENCEAU, Président du Conseil et Ministre de la Guerre, un grand nombre de sénateurs et députés, a pris officiellement possession de la Lorraine et de l'Alsace, le 8 et 9 Décembre 1918, à Metz et à Strasbourg. L'accueil fait à nos représentants et à notre armée a constitué le plus éloquent et le plus émouvant des plébiscites.

épreuves de la captivité. Mais, parmi toute cette légion de héros que nous honorons, et devant lesquels nous inclinons très bas nos fronts, il nous sera bien permis de distinguer ceux qui font partie de la famille communale. Entre la grande et la petite patrie, les liens sont si forts et si doux que nous ne pouvons vraiment aimer l'une sans vénérer l'autre. Et c'est pourquoi nous unissons tous nos Morts chazellois dans le même impérissable souvenir, dans la même gloire, dans la même gratitude. Ils ne nous permettraient pas de les séparer. Nous voulons que leurs parents et leurs amis, courbés sous la même épreuve, reçoivent l'expression de la sympathie de tous. Quelles que soient les opinions professées, c'est l'union sacrée devant la mort, devant le sacrifice total, qui doit se réaliser. Les tombes où les nôtres reposent, confondus, nous donnent l'austère et utile leçon de rester groupés pour la résurrection du pays, et pour toutes les nobles tâches réparatrices. Ils furent des semeurs d'idéal, afin que nous soyons des semeurs de justice et de bonté; il ne faut pas, qu'à l'ombre du Drapeau vainqueur, leur sacrifice reste vain [1].

Et c'est le but de cet opuscule, dont l'idée fut conçue pendant le stupide bombardement de Paris par des canons géants, de garder en ses pages les noms des vaillants Chazellois morts pour la Patrie, auxquels sont joints ceux de leurs aînés qui, en 1870, donnèrent aussi leur vie pour la France. Dans nos familles, se perpétuera leur mémoire, et les petits enfants aux grands yeux clairs, en joignant leurs mignonnes mains, diront tout bas ces noms vénérés, qu'ils répéteront avec respect, devenus grands, à ceux qui les suivront.....

Les Blessés et les Mutilés nous rappelleront le mérite

---

(1) *Prêtres et séminaristes chazellois morts pour la France :* MM. Sylvain EBRARD, J. DUPUY. — *Cités et décorés :* J. BAYARD, F. CÔTE, S. EBRARD, J. ESCOT, J. DUPUY, J. FERLAY, J. JUILLET, M. MAUBUISSON. — *Blessés et mutilés :* J. BAYARD, J. FERLAY, J. JUILLET, P. RIVOIRE. — *Prisonnier :* M. MAUBUISSON.

Instituteurs chazellois morts pour la France : MM. G. DUPOIRIER, J. EMONET, J.-B. GARREL, H. MAINIX, instituteurs publics ; J.-B. CROIZIER, instituteur privé. — *Cités et décorés :* J.-B. CROIZIER, J. EMONET, M. MENELON, J.-M. ORARD, VERNIÈRE. — *Blessés et mutilés :* M. MENELON, J. MEUNIER, J.-M. ORARD, VERNIÈRE.

de ces hommes qui portent vivante, dans leur chair meur-
trie, la marque de leur bravoure. Il nous faudra les sauver
de l'oubli, et leur donner les places de choix que leurs infir-
mités leur confèrent; l'ingratitude à leur égard serait un
crime; ne point les aider serait une injustice et une cruauté;
ils ont un droit strict à notre respect, à notre bienveillance,
à des mesures efficaces de protection et de relèvement.
Nous entourerons également de nos soins assidus ceux
que la maladie a frappés. Eux aussi sont des blessés de
guerre.

Il en est d'autres qui appellent notre attention. Ce sont
les prisonniers, dont l'âme, plus que le corps peut-être, a
connu les affres de l'exil, loin de la douce France et loin
des leurs, sur le sol étranger. Leur pensée fut constamment
présente au milieu de nous; aujourd'hui, ils nous sont re-
venus, déprimés et anémiés, pour la plupart, par les souffrances et les privations. Que le Pays, qu'ils ont enfin re-
trouvé, leur donne un peu de joie; il la leur doit comme
une légitime compensation à tant de tortures physiques et
morales endurées. En passant, rendons hommage aux œuvres locales qui, comme « la Ligue des femmes françaises »
et « l'Union des Mutilés », se sont préoccupées d'adoucir
leur sort; elles méritent la reconnaissance populaire, car
c'est un sourire du pays natal qu'elles ont porté sur la terre
étrangère, dans un rayon de calme réconfort.

Les citations obtenues sont le témoignage éloquent d'actions d'éclat accomplies sur les champs de bataille. Ceux
qu'on a proposés comme modèles à leurs frères ne feront
point de jaloux. Car, il en est d'autres, beaucoup d'autres,
qui mériteraient aussi la croix des braves; il leur suffit
d'avoir accompli simplement leur devoir, en des heures
redoutables, dans l'imminence et la gravité du péril, là où
les avaient placés les ordres du commandement. Mais tous,
au souvenir des faits d'armes où se reconnaîtront même les
oubliés, nous sentirons une fierté grave emplir nos âmes,
et la louange monter à nos lèvres, en fervente admiration
pour nos compatriotes dont la valeur s'est imposée à l'attention des camarades et des chefs.

Enfin, à tous nos soldats, sans exception, qui pendant si longtemps ont vaillamment lutté et enduré sans se plaindre les pires souffrances physiques et morales, doit aller aussi notre profonde et immortelle reconnaissance [1]. Et, pour la partager, voici les travailleurs de l'arrière, les ouvriers de la défense nationale, les vaillantes femmes qui ont décuplé la tâche au foyer, à l'usine et aux champs ; les veuves éplorées et les mères en deuil à qui la guerre n'a apporté que misère et chagrin ; les bienfaiteurs des pauvres, des humbles, des orphelins, des malades, des réfugiés, des petits Alsaciens-Lorrains ; les soutiens d'énergie morale, les autorités civiles et religieuses : Clergé paroissial, Maire, Adjoints, Conseillers Municipaux, Instituteurs et Institutrices, etc..., ainsi que tous ceux et celles qui, dans la tourmente, ont semé la confiance, la consolation, les encouragements, et se sont souvenus qu'en une telle calamité, tous doivent être solidaires les uns des autres, et que personne n'a le droit d'étaler une joie malsaine quand tant d'âmes sont brisées par l'immensité du malheur [2]...

*
* *

Il reste, après un pareil bouleversement, l'avenir à préparer. Ne nous faisons pas d'illusions. La reprise de l'activité industrielle, commerciale et agricole ne se fera pas sans difficultés. L'après-guerre sera rude pour le plus grand nombre d'entre nous. Elle le sera beaucoup moins, si chacun se pénètre bien de ses devoirs sociaux, et songe à établir autour de lui plus de justice et de charité. Il y aura beaucoup de détresses à soulager, d'améliorations à réaliser, de problèmes nouveaux à résoudre. La question si complexe et si délicate du salaire, intimement liée à la

---

(1) Chazelles a eu environ 1.200 mobilisés pendant la Guerre.

(2) Il convient de louer l'activité et le zèle de la commission chazelloise de ravitaillement pendant la guerre. Grâce à sa bonne administration, les habitants, mieux que ceux d'un certain nombre de villes plus importantes, ont pu traverser moins malaisément cette période particulièrement critique.

cherté de la vie, méritera d'être sérieusement envisagée. Car, tout en tenant compte de la capacité professionnelle, des années de labeur, de la difficulté d'exécution du travail, des sacrifices de temps et d'argent exigés par la préparation à des emplois réclamant des connaissances spéciales, les professions libérales par exemple, on peut dire, en géral, que l'homme sobre et honnête, qu'il travaille à l'usine ou cultive le sol, qu'il soit ouvrier, fermier ou employé, doit pouvoir vivre normalement, se nourrir, se vêtir, se loger convenablement et élever sa famille, même nombreuse. — L'économie devra être pratiquée toutes les fois qu'elle sera possible, pour parer aux heures difficiles, et rendre moins tristes les vieux jours.

Les sociétés de prévoyance et d'assistance, qu'il sera nécessaire de développer encore après les cruelles épreuves de la guerre, seront pour cela d'un grand secours, aidées par des lois sociales s'inspirant des nécessités et des besoins du temps présent.

Il y aura des efforts à faire pour combattre l'alcoolisme et la tuberculose qui, à Chazelles comme dans toutes les agglomérations, font de grands ravages qu'on peut en partie enrayer. La propreté et l'hygiène, mieux comprises, ne pourront être que salutaires. Il est nécessaire que partout pénètrent en abondance l'air et la lumière, et que le taudis et l'habitation insalubre fassent place à la maison saine et ensoleillée. La moralité y gagnera, et la santé publique et particulière s'en trouvera améliorée. Il est à désirer que les jardins ouvriers prennent une large extension. Le contact de l'homme et de la nature a toujours une heureuse influence, et les légumes et les fleurs aident à se procurer le nécessaire et l'agrément. Ceux qui jouissent de ces bienfaits, grâce à l'œuvre des habitations ouvrières à bon marché, n'y contrediront point.

Le retour à la terre, les encouragements donnés à l'agriculture, le développement et l'amélioration des méthodes de travail pour suppléer à la rareté de la main d'œuvre, la protection accordée aux fermiers et aux métayers, tout cela doit retenir l'attention des pouvoirs publics à tous les degrés. En France, nous avons fait beaucoup trop de stérile politique; ce qu'il nous faut, c'est de la bonne administration, et la mise en valeur de toutes les compétences et de toutes les activités, dans le but de restaurer notre pays et de le préserver de la décadence.

La jeunesse, qui est la France de demain, devra faire l'objet de la sollicitude générale. Il faut qu'elle puisse développer son éducation morale et physique d'une façon normale. Sans direction, les jeunes gens et les jeunes filles, par leur inexpérience même, courent les plus grands dangers. Il appartient en grande partie à la famille et aux œuvres post-scolaires de les éclairer avec sagesse et franchise, et de leur fournir les moyens de préservation et de perfectionnement nécessaires. Nul esprit impartial ne peut nier l'influence bienfaisante de la religion sincèrement pratiquée, l'excellence de la morale mise en action, et les heureuses conséquences du bon exemple des parents. La gymnastique rationnelle, les exercices corporels, dont le meilleur est le travail manuel, les sports, les excursions à la campagne, la lecture intelligente de livres choisis, l'étude des questions professionnelles, qui préparera le jeune apprenti ou le jeune agriculteur à être un ouvrier éclairé et un travailleur consciencieux; des visites d'usines, d'ateliers, de manufactures, de fermes-modèles, de jardins et potagers bien tenus, d'exploitations bien dirigées, tout, dans la mesure du possible, devra être utilisé au mieux de l'intérêt général et particulier. En même temps, les mauvaises fréquentations et l'alcoolisme seront évités comme étant néfastes et pouvant conduire aux pires déchéances et aux plus terribles maladies. Enfin, la restauration de l'esprit de famille produira les plus heureux résultats pour l'éducation de la jeunesse. Ainsi se formeront de bons citoyens, dignes de tenir dans la République la place qu'ils s'y seront préparée.

Il y a une foule de connaissances pratiques que les jeunes gens devraient acquérir, et que l'école, malgré le dévouement des maîtres, n'a ni le temps ni les moyens de leur procurer assez amplement. Quand leur esprit sera orienté en ce sens, les meilleures années de l'adolescence cesseront d'être gâchées ou flétries. Il n'est pas jusqu'aux distractions qui ne devraient être choisies. La chanson honnête et le rire sain sont un indice de la santé morale de la race, et les inepties de café-concert ou de music-hall, colportées un peu partout, outre qu'elles sont souvent répugnantes ou niaises, dénotent aussi un manque de goût qui n'a rien de français. Nous n'avons pas, jusqu'ici, tiré du cinéma le meilleur parti possible : au lieu de l'appliquer à des aventures extravagantes ou à des drames policiers, il pourrait rendre de grands services au point de vue moral et instructif, et servir à l'enseignement de l'histoire, de la géographie, de l'histoire naturelle, etc... Nos chefs-d'œuvre artistiques et littéraires, agrémentés de quelques spirituelles comédies, peuvent aussi être popularisés par ce moyen.

Pour les jeunes filles, l'enseignement ménager apparaît comme étant de première nécessité. La cuisine, la couture, le raccommodage, des notions assez étendues d'hygiène, de propreté, d'économie domestique, les soins à donner aux enfants, les remèdes les plus usuels contre les fatigues, les indispositions, les accidents légers ; le moyen de rendre agréable un logement simple, celui d'utiliser les moindres choses, et, par-dessus toutes ces connaissances, une haute dignité morale qui ennoblira la vie, voilà tout un programme auquel, dans les milieux ruraux, il sera excellent d'ajouter l'étude des meilleurs procédés d'élevage des animaux de la ferme et de la basse-cour, ainsi que tout ce qui concerne le laitage et ses dérivés. Ainsi, les jeunes filles, mises en garde contre les goûts de luxe et de toilette exagérée qui ruinent les humbles ménages, se prépareront à être plus tard les compagnes vigilantes et actives de travailleurs honnêtes et consciencieux, pour perpétuer la lignée issue de la bravoure et de l'énergie nationales.

Quant à nous, qui formons la transition entre les deux époques qui, désormais, partageront l'histoire du monde, il est impossible que nous ne tirions pas des leçons pratiques des graves événements qui se sont accomplis sous nos yeux. Elles sont multiples, marquées par les traits profonds et douloureux de la souffrance, et par les angoisses et les meurtrissures des cœurs. Jamais, tant que nous vivrons, nous n'oublierons les longues années d'épreuve commune, les mortelles attentes, les réconfortants espoirs, les réveils soudains, les terribles appréhensions et les consolations inattendues, les deuils et les triomphes, les jours enténébrés et les matins illuminés par la Victoire ! Les enfants même se souviendront, car ils ont vu passer trop de cortèges silencieux et tristes, trop de femmes en pleurs, trop de vieillards pensifs et courbés sous l'effort...

Parmi toutes les leçons qui nous viennent des tranchées et des champs de bataille, la première et la plus grande est celle de l'union. Le 20 octobre 1918, CLÉMENCEAU disait aux populations libérées de Roubaix : « Les républiques anciennes se sont perdues à cause de leurs discussions intestines ; nous avons failli subir le même sort. Que cette terrible guerre, qui laisse loin derrière elle tout ce que nous avons vu dans notre histoire, même les guerres de la Révolution, nous serve de leçon. Sentons-nous les coudes ; ayons chacun nos préférences, mais respectons l'opinion d'autrui ; qu'il n'y ait plus que des Français, tous frères, communiant dans le même amour de la Patrie ». [1] Admirables paroles, qui nous montrent que l'union, sur le terrain national, est possible, même avec des divergences de vues, et qu'elle est nécessaire pour que le Pays ne périsse point. Si, après la guerre, nous devions recommencer à nous entredéchirer, nos Morts, couchés côte à côte dans les sillons arrosés de leur sang, auraient le droit de nous maudire, eux qui ont donné leur vie pour que l'unité de la France reste intacte, et pour chasser l'envahisseur qui se

---

(1) « Ah ! comme nous nous sommes bien haïs, détestés, exécrés les uns les autres, et combien nous avons été heureux de nous retrouver frères et amis en ces jours terribles ! Grâce à cette consolation, nous avons tout supporté, eeux de droite, ceux de gauche, ceux du centre : il n'y avait plus que des Français ! Messieurs, il faut que cela demeure ! »

(Discours de CLÉMENCEAU *après la lecture des conditions de l'armistice avec l'Autriche* — 5 Novembre 1918).

flattait de la briser. Si l'égoïsme devait continuer à régner, et l'orgueil à lever la tête, s'il n'y avait pas sur notre sol plus de justice et de véritable charité ; si la liberté n'était qu'un vain mot, l'égalité un mensonge, et la fraternité une ironie, les artisans de la délivrance que sont nos intrépides soldats auraient le devoir de revendiquer hautement les droits nouveaux que leur héroïsme leur a acquis, pour l'accomplissement d'une tâche meilleure de résurrection nationale, sous le régime républicain largement ouvert à tous dans le progrès démocratique et le respect des consciences.

D'autres enseignements nous viennent de nos Alliés. L'organisation soutenue, la discipline consentie, l'utilisation plus étendue des ressources industrielles, l'application pratique des découvertes modernes, l'exploitation des forces hydrauliques, le développement des moyens de production, de culture, de transport, de communication ; la mise en œuvre des énergies latentes, capables de rénover nos méthodes et de les vivifier, tout cela doit nous apparaître réellement possible, parce que démontré, et il n'est pas jusqu'à nos ennemis même, dont la ténacité dans l'effort coordonné a failli nous être funeste, qui ne doivent contribuer à nous éclairer.

Tous ceux qui ont approché les Américains ont été frappés de la rapidité d'exécution qui leur est propre, rapidité basée sur une parfaite répartition du travail, l'ampleur et la précision de leurs conceptions, la simplification de la paperasserie et de la bureaucratie administratives qui paralysent l'action au lieu de l'encourager. Il est aussi fort remarquable que chez ce peuple épris de progrès, le respect mutuel des croyances et des idées existe, comme en Angleterre, à un haut degré. Le fait que je vais évoquer est un symbole. Le 30 mai 1918, jour de la Fête-Dieu, à l'occasion du « Memorial Day », (jour commémoratif), un office fut célébré à la Madeleine pour les Américains morts pendant la guerre de Sécession. L'église, sur le péristyle de laquelle les Allemands envoyèrent le soir même un obus de leur brutal canon monstre, était remplie à déborder. Confondus, sans distinction de grade, officiers et soldats, dans une tenue impeccable, suivaient attentivement la cérémonie. Elle touchait à sa fin, et les assistants s'étaient assis, selon la rubrique. Tout à coup, les orgues jouèrent l'hymne national américain : « The star spangled banner » (la Bannière étoilée) à la fois solennel et vibrant, et, comme notre « Marseillaise », éclatant de gloire et de liberté. En un instant, comme mus par un ressort, les hommes en kaki furent debout, immobiles et fixes, le front haut, l'air très grave. L'âme de la Patrie lointaine était passée dans toutes ces âmes, et vraiment il me sembla qu'à cette heure, le Droit, béni par Dieu, avait vaincu la Force, cette force bestiale que les « Berthas » jetaient comme une insulte sur Paris, en tuant des femmes et des enfants...

Nous profiterons de toutes ces leçons, pour que notre réveil national soit plus prompt et moins douloureux. Et nous saurons développer nos qualités natives : le courage, l'entrain, l'esprit d'initiative, en y joignant ce qui paraît nous manquer le plus : l'esprit de suite et l'organisation méthodique. Le sens de l'action pratique devra remplacer les discussions stériles, et le travail, la compétence et le mérite devront être les seuls titres à l'avancement, trop souvent l'apanage d'intrigants incapables, qui usent, pour l'obtenir, de subterfuges et de moyens réprouvés par la loyauté.

Rien de ce qui touche à la justice ne devra nous laisser indifférents. La répartition proportionnelle, déjà observée en partie dans notre nouveau système électoral, la représentation professionnelle parlementaire, la répartition proportionnelle scolaire, et tant d'autres questions devront à bon droit nous préoccuper. Tout sectarisme est étroitesse d'esprit ; toute oppression est indigne d'un pays civilisé ; il ne doit pas y avoir chez nous de parias ; la France est assez grande et assez belle pour que tous ses fils puissent vivre en paix sur son sol que tant de héros, de génies, de savants, de modestes et dignes travailleurs ont illustré par leurs solides qualités et leur incessant labeur.

Ainsi renaîtra notre Pays, et les aspirations populaires,

en tout ce qu'elles ont de juste et de légitime, trouveront dans l'ordre et le mieux-être leur réalisation.

*
* *

Fruit d'un long travail, cette brochure, offerte à la commune, est consacrée surtout à nos Morts chazellois, à leurs familles, et à tous nos chers soldats. J'ai pensé qu'il serait agréable à mes compatriotes d'avoir aussi sous les yeux, pour leur instruction, quelques notes locales très succintes, résumant l'histoire de notre ville. Monsieur BOURNE, l'auteur érudit du bel ouvrage : « Histoire de la Ville et de la Commanderie de Chazelles-sur-Lyon », et Monsieur DUBOIS, qui a composé l'intéressante monographie des communes du département de la Loire, ont bien voulu m'autoriser à m'inspirer de leurs œuvres pour l'établissement de ces notes. Je les en remercie très vivement au nom de tous.

Me faisant l'interprète des familles éprouvées et de nos vaillants soldats, il me reste à témoigner notre gratitude à Monsieur Eugène PROVOT, Maire, et à Messieurs les Conseillers municipaux qui ont accordé à cette œuvre d'union sacrée l'honneur d'une subvention communale, de même qu'à toutes les personnes qui, sollicitées par de dévouées quêteuses, ont permis par leur offrande, jointe à cette subvention, d'équilibrer les frais d'impression d'un tirage de deux mille exemplaires. Merci également à Monsieur BAZIN, dont deux des fils sont morts pour la France, de s'être chargé de l'édition de cette brochure, qui est ainsi tout entière l'œuvre de Chazellois [1].

Je prie mes concitoyens de m'excuser si j'ai mal ou imparfaitement exprimé leur pensée : humble enfant du

---

(1) Les vues qui agrémentent le *Livre d'Or chazellois* sont dues à l'obligeance et à l'amabilité de Monsieur le Rédacteur en Chef du Journal « *l'Illustration* », qui a bien voulu, en égard à notre œuvre, nous prêter gracieusement les clichés. Qu'il veuille bien recevoir ici les remerciements de la population chazelloise.

peuple, je n'ai eu en vue que de rendre hommage, au nom de tous, à ceux qui sont morts et qui ont souffert pour nous, et de perpétuer leur souvenir.

Petits enfants qui, plus tard, lirez ces lignes, conservez fidèlement dans votre cœur les noms de ceux à qui vous devez d'être encore Français, et soyez, dans la paix qu'ils vous ont acquise au prix de leurs sacrifices et de leur sang, les continuateurs de leur courage. Vous aussi, à votre tour, vous leur offrirez l'hommage de votre reconnaissance et de votre amour, et, devenus hommes, vous le ferez revivre en d'autres âmes, afin qu'il soit immortel. Puissiez-vous ne jamais revoir en votre existence les jours horribles que nous avons vécus; puissiez-vous, dans une France unie et prospère, vaquer paisiblement à l'accomplissement de votre tâche quotidienne, conscients de vos droits, mais aussi de vos devoirs, vous rappelant que vous êtes les héritiers de ceux qui reposent là-bas, dans les champs de France, où leurs âmes de héros montent encore la garde autour du Drapeau !

L. P.

Chazelles-sur-Lyon, Juillet 1919.

A l'Alsace-Lorraine

Elle parut, aux yeux du monde,
L'image d'un peuple indompté,
Où, sur une Terre féconde,
Va resplendir la Liberté !

C'est la Justice qui se dresse,
Eternelle, parmi les deuils,
Et qui proclame, vengeresse,
La sécurité de nos seuils !

C'est le Droit dominant la Haine
Par sa tranquille majesté ;
C'est la revanche souveraine
D'un long supplice immérité !

Durant sa trop longue souffrance,
Toutes les gloires du passé
Pour elle, étaient des fleurs de France,
Doux parfum pour son cœur blessé...

O ciel de Lorraine et d'Alsace
Que l'épreuve n'a point terni,
Dans la clarté que rien n'efface,
Brille à jamais dans l'infini !

Et qu'en un cliquetis d'épées,
La Paix, à l'ombre des Drapeaux,
Dans la splendeur des épopées
Rayonne enfin sur les tombeaux !

Louis PAILLEUX.

Paris, 11 Novembre 1918.

Matériel pris à l'armée Von Bœhn et rassemblé à Villers-Cotterets

Canons de 77 pris à Saint-Vaast

Chazellois morts pour la France
en 1870-1871

AURARD André

DUBŒUF Jean-Pierre

FAYOLLE Pierre-Philippe

GARDON Christophe

GIRARD Claudius

MATHELIN Jean

MONVERNAY Jean

NOAILLY Pierre

REYNAUD Jean-Louis

RIVOLIER Antoine

ROSSIGNOL Jean-Marie

TISSOT Jean-Pierre

Un monument commémoratif, sur lequel sont gravés leurs noms, a été élevé en leur honneur, Place Thiers.

AUX CHAZELLOIS TOMBÉS AU CHAMP D'HONNEUR
Avec l'hommage de notre impérissable souvenir

Lorsque, dans la forêt, tombent les feuilles mortes,
Dans le champ du repos, de pieuses cohortes
Célèbrent les Défunts dont le cher souvenir
Plane sur le foyer, aux sombres jours d'automne,
Où l'on entend gémir la chanson monotone
Que la voix du Passé répète à l'Avenir !

Aujourd'hui, tous nos deuils ont confondu leur plainte,
Et nos cœurs éplorés, par la cloche qui tinte,
Expriment leur angoisse et leur suprême espoir ;
C'est l'écho du tocsin lugubre de la guerre,
L'appel que le Pays, pour le devoir austère,
Lança comme un long glas dans le calme du soir !

Et, depuis lors, combien sont tombés pour la France !
Combien ont accompli l'œuvre de délivrance !
Près du Drapeau, combien ont répandu leur sang !
Combien dorment en paix, de nos fils, de nos frères,
Dans le sol ravagé de nos chères frontières,
Où la Gloire, parfois, s'incline en frémissant !

Ils ne reverront plus la maison tutélaire,
Où les petits enfants jouaient dans la lumière,
Où l'épouse et l'aïeule attendaient leur retour ;
Le vieux clocher, les champs, les bois et la montagne,
La moisson d'épis d'or et la verte campagne
Furent leur dernier rêve et leur dernier amour !...

O Soldats ! O Martyrs ! Admirables victimes !
Avec respect, devant vos âmes magnanimes,
Tous, nous courbons nos fronts dans une humble fierté ;
Par votre sacrifice et par votre courage,
Vous nous avez sauvés d'un honteux esclavage :
Entrez, par l'héroïsme, en l'immortalité !

Sont Morts pour la Patrie
(1914-1919)

ANNEQUIN Pierre-Benoit, décédé le 24 août 1918, à Montecouvé (Aisne).

AUFAUR Louis, décédé le 27 juillet 1917, à Saint-Hippolyte (Puy-de-Dôme).

AVIGNANT François, décédé le 18 octobre 1918, à Bou-de-Nil (Maroc).

BACCONNIER Alexandre, décédé le 17 octobre 1917, à Missy-sur-Aisne (Aisne).

BADOIL Jacques-François, décédé le 22 octobre 1915, à Vichy (Allier).

BALLAY Claudius-Marius, décédé le 7 juillet 1916, à Chazelles-sur-Lyon.

BARONNIER Marius-Barthélemy, décédé le 29 août 1914, à Konigsbruck (Allemagne).

BATAILLON Pierre-Marie, décédé le 14 mai 1915, à Noulette (Pas-de-Calais).

BAZIN François-Alexandre, décédé le 5 octobre 1916, à Rancourt (Somme).

BAZIN Joseph-Constant, décédé le 29 avril 1917, à Troyon (Aisne).

BERGER Joseph-Jean-Marie, décédé le 4 avril 1916, à Schmelz-Mittlach (Alsace).

BERNE Jean-Claude, décédé le 30 juillet 1918, à Cuperly (Marne).

BERNE Jean-Louis, décédé le 26 septembre 1915, devant Angres (Pas-de-Calais).

BERNE Mathieu, décédé le 21 mars 1917, à Ressons-sur-Matz (Oise).

BEYRON Maurice, décédé le 3 novembre 1914, à Hohrodberg (Alsace).

BISSY Claudius, décédé le 19 juillet 1916, à bord du Vinzlong.

BLAIN François-Marius, décédé le 12 octobre 1914, à Chazelles-sur-Lyon, des suites de ses blessures.

BLANCHARD Claudius, inhumé le 17 mars 1917, à proximité du fort de Vaux.

BLANCHARD Jean-Marie, décédé entre le 10 et 16 septembre 1914, à Champenoux (Meurthe-et-Moselle).

BONNIER Jean-Marie, décédé le 10 août 1914, dans les Vosges.

BONNIER Jean-Marie, décédé le 25 octobre 1916, à Thiaumont (Meuse).

BONNIER Joannès, décédé le 20 août 1914, à Baccarat (Meurthe-et-Moselle).

BONNIER Marius-Antoine, décès constaté le 11 octobre 1916, à Belleray (Meuse).

BORDET Joanny-Antoine, décédé le 6 novembre 1916, à Sailly-Saillisel (Somme).

BORDET Pierre, décédé le 5 octobre 1917, à Brouckerque (Nord).

BOUCHUT Barthélemy-Joannès, décédé le 20 novembre 1914, à Tours (Indre-et-Loire).

BOUQUET Martin-Henri, décédé le 3 novembre 1916, à Maurepas (Somme).

BOURRIN Antoine, décédé le 12 février 1916, à Lodève (Hérault).

BOUTEILLE François-Claude, décédé le 6 mai 1916, à Montferrand (Puy-de-Dôme).

BRUN Benoit-Marie, décédé le 30 avril 1916, à Saint-Etienne (Loire).

BRUNEL Claude, décédé le 3 septembre 1916, au chemin creux, nord-est de Cléry.

BRUYÈRE Jean-Claude, décédé le 24 mars 1917.

BRUYÈRE Marie-Antoine, décédé le 25 avril 1916, à Verdun (Meuse).

BRUYÈRE Pierre-Catherin, décès constaté le 26 novembre 1916, à Vaux (Meuse).

CADOR Jean-Claude, décédé le 8 février 1915, à Remières (Meurthe-et-Moselle).

CARTÉRON Louis-Jean-Marie, décédé le 24 octobre 1918, au camp de Münsingen (Allemagne).

CARTÈRON Simon-Antoine, décédé le 24 décembre 1918, à Saint-Genis-Laval (Rhône).

CARTÉYRON François, décédé le 1er février 1915, à Allan (Drôme).

CHANTREAU Henri-François, décédé le 3 octobre 1914, à Confrécourt (Aisne).

CHANTREAU Louis-Eugène, décédé le 30 juillet 1917, à Braye-en-Laonnais (Aisne).

CHARRETIER Jean-Benoit, décédé le 27 septembre 1914, à Gerbeviller (Meurthe-et-Moselle).

CHARRETIER Jean-Louis, décédé le 24 juillet 1918, à Coincy (Aisne).

CHARRETIER Joannès-Claudius, décédé le 7 août 1917, à Brétigny (Oise).

CHARRETIER Stéphane-Marius, décédé le 16 juillet 1917, à l'ambulance 1/89.

CHARVIN Victor-Louis, décédé le 20 décembre 1914, à Sains-les-Mines.

CHAVAGNEUX Jean, décédé entre le 9 et le 12 mai 1915, à Carency (Pas-de-Calais).

CHAVAGNEUX Jean-Marie, décédé le 16 avril 1915, aux avant-postes d'Alsace.

CHAVOT Laurent, décédé le 7 juin 1916, à Vaux (Meuse).

CHAZET Jean-François, décédé le 16 septembre 1914, à Ribécourt (Oise).

CHEMIER Pierre-Florentin, décédé le 6 juillet 1916, à Chuignes (Somme).

CHEVROT Louis, décédé le 4 novembre 1914, à Laigle (Orne).

COMBE Claudius, décédé le 14 août 1918, à l'ambulance 9/16.

COMMARMOND Jean-Marie-Antoine, décédé le 14 juillet 1915, au bois de la Grurie (Marne).

CORDONNIER Eugène-Cyrille, décédé le 1er septembre 1914, à Bruyères (Vosges).

CROIZIER Jean-Baptiste, décédé le 15 mars 1918, à l'ambulance 8/2.

CROZIER Benoit-Antoine, décédé le 18 août 1916, au bois de Hem (Somme).

CROZIER Claudius-Francis, décédé le 29 septembre 1915, à Bois Bricot (Marne).

DEJOINT Claudius, décédé le 23 juin 1916, à Verdun (Meuse).

DELORME Claude-Pierre, décédé le 14 mai 1919, à Chazelles, des suites de maladie contractée aux armées.

DELORME Jean, décédé le 20 avril 1918, à Vienne-le-Château (Marne).

DELORME Joannès, décédé le 26 septembre 1915, à Somme-Suippe (Marne).

DÉSAGE Léon-Camille, décédé le 11 octobre 1916, à Bouchavesnes (Somme).

DOUSSON Benoit-Joannès, décédé le 7 mai 1917, au bois de la Grille, à Beine (Marne).

DUBŒUF Joannès, décédé le 3 février 1917.

DUBŒUF Marius-Jean-Baptiste, décédé le 25 septembre 1916, à Cléry (Somme).

DUFAUT Eugène, décédé le 1er août 1918, au Grand-Rezoy (Aisne).

DUMAS Joseph, décédé le 15 août 1916, à Chazelles-sur-Lyon.

DUPOIRIER Gabriel, décédé le 28 avril 1915, à Seddul-Bahr (Dardanelles).

DUPUY Joannès-Pierre, décédé le 29 septembre 1916, à Combles (Somme).

DUPUY Louis, décédé le 22 juillet 1915, à Sainte-Menehould (Marne).

DUT Claude, décédé le 11 mai 1915, à Neuville-Saint-Waast (Pas-de-Calais).

DUTEL François-Benoit, décédé le 23 septembre 1914, à Strasbourg.

EBRARD Pierre-Marie-Alphonse, décédé le 4 juin 1916, au bois de la Caillette.

EBRARD Sylvain-Jean-Elie, décédé le 22 juin 1915, à La Fontenelle (Vosges).

EMONET Jean, décédé le 17 juillet 1915, à la tranchée Calonne.

EPERCIEUX Pierre-Louis, décédé le 18 avril 1917, à Bouvancourt (Marne).

FALCONNET Théodore-François, décédé le 24 août 1917, à Revigny (Meuse).

FAYEL Jean-Marie-Benoit, décédé le 4 octobre 1915, au bois du Beau Marais.

FAYOLLE Jean-Baptiste-Eugène, décédé le 29 août 1914, à Guise (Aisne).

FAYOLLE Joannès, décédé le 17 juin 1918, à Montbrison (Loire).

FERLAY Jean-Marie.

FERLAY Joanny-Louis, décédé le 8 octobre 1915, à Armancourt (Somme).

FICHET Eugène, décédé le 6 juillet 1915, à Clermont-Ferrand (Puy-de-Dôme).

FICHET Joseph-Claude, décédé le 9 janvier 1916, à Hirnstein (Alsace).

FLÉCHET François-Jean-Marie, décédé le 31 octobre 1916, à Saint-Chamas (Bouches-du-Rhône).

FLÉCHET Pierre-Marie-Antoine, décédé le 5 octobre 1914, à Wingles (Nord).

GARDON Antoine, décédé le 4 décembre 1916, à Limoges (Haute-Vienne).

GARDON Claudius, décédé le 27 mai 1917, à Hurtébise (Aisne).

GARDON Mathieu, décédé antérieurement au 4 mars 1916, à Aubérive (Marne).

GARREL Jean-Baptiste, décédé en juin 1916, à Verdun (Meuse).

GIRARD Antoine, décédé le 13 août 1917, à Germonviller (Meurthe-et-Moselle).

GIRAUD Claudius, décédé le 11 mai 1915, à Neuville-Saint-Waast (Pas-de-Calais).

GIRAUD Claudius-Jérôme, décédé antérieurement au 16 février 1915.

GIRAUD Francis, décédé le 29 septembre 1914, à Paris.

GIRAUD Jérôme, décédé le 19 février 1918, à Courcy (Marne).

GIRIN Louis-Barthélemy, décédé le 31 octobre 1916, à Cannes (Alpes-Maritimes).

GONON Benoit-Antoine, décédé le 7 octobre 1915, à Souchez (Pas-de-Calais).

GORD Joannès-Claudius, décédé le 26 septembre 1915, à Sapigneul (Marne).

GOUTAGNEUX Francisque, décédé le 11 novembre 1916, à Verdun (Meuse).

GOUTAGNY Jean-Marie-Antoine, décédé le 31 mai 1918, à Epernay (Marne).

GOUTTE Léon-Bénédictin-Jules, décédé le 17 octobre 1918, près de Termes (Ardennes).

GRANGE François, décédé le 22 juin 1915, devant Frise.

GRANGE Jean-Marie, décédé le 27 juillet 1918, à l'hôpital E. 18, secteur postal 181.

GRANGE Jean-Marie, décédé le 9 mars 1917, à Vadelaincourt (Meuse).

GRANGE Joannès-Pierre, décédé le 7 octobre 1915, à Paris, hôpital Necker.

GRATALOUP Marius, décédé le 17 septembre 1914, à Dreslincourt.

GRATALOUP Etienne-Marie-Marcel, décédé le 5 septembre 1914, à Rambervillers (Vosges).

GRATALOUP Marcel, décédé le 5 septembre 1916, à Hangest-en-Santerre (Somme).

GRATALOUP Michel, décédé le 25 septembre 1915, à Saint-Hilaire-le-Grand (Marne).

GUBIAN Jean-Claude, décédé le 31 août 1914.

GUBIAN Jean-Louis-Baptiste, décédé le 15 juillet 1917, à Tarbes (Hautes-Pyrénées).

GUBIAN Pierre, décédé le 18 mai 1915, à Lourdes (Hautes-Pyrénées).

GUILLERMOZ Georges-Joseph, décédé le 14 octobre 1917, à Rabat (Maroc).

GUYOT Benoit, décédé le 2 juin 1916, à Verdun (Meuse).

JACOUD Pierre-Louis, décédé le 4 mai 1917, près de Berméricourt (Marne).

JEANPIERRE Pierre, décédé le 25-26 août 1914, à Neuvillers-sur-Fave (Vosges).

JOUBERT Jean-Louis-Marie-Joseph, décédé le 7 octobre 1917, à la ferme du Panthéon (Aisne).

JOURJON Jean-Antoine, décédé le 21 décembre 1914, à Moreuil (Somme).

LAFAY Claude-Antoine, décédé le 1er février 1916, au Linge (Alsace).

LASSONNERY Joannès, décédé le 30 novembre 1918, à Saint-Avold (Lorraine).

LORNAGE Antoine-Marie-Catherin, décédé le 25 septembre 1915, à Perthes (Marne).

MAILLARD Jean-Louis, décédé le 16 décembre 1916, près d'Ouvrage-Bezonvaux.

MAINIX Hippolyte, décédé le 11 octobre 1914, aux Loges (Somme).

MAINTIGNEUX Benoit, décédé le 4 octobre 1914, à Rosières-en-Santerre (Somme).

MAINTIGNEUX Joseph, décédé le 30 avril 1916, à Jubécourt (Meuse).

MAINTIGNEUX Michel-Eugène, décédé le 17 octobre 1917, à Vailly (Aisne).

MARTIN Joanny-Marie, décédé le 12 juillet 1915, aux Dardanelles.

MARTIN Marius, décédé le 6 août 1918, à Limé (Aisne).

MARTIN Pierre-Marie, décédé le 8 février 1915, à Montbrison (Loire).

MAURICE Joannès, décédé le 11 décembre 1918, à Sousse (Tunisie).

MAURICE Léon, décédé le 26 septembre 1915, à Saint-Hilaire-le-Grand (Marne).

MEILLAND François, décédé le 23 mai 1917, à Saint-Hippolyte (Puy-de-Dôme).

MÉRIDIAS Joseph, décédé le 24 septembre 1915.

MÉZARD Claudius-Louis, décédé le 25 septembre 1915, à Souchez (Pas-de-Calais).

MICHALON Benoit-Jérôme, décédé le 31 août 1914, à Fay-Saint-Quentin (Oise).

MILAN Claudius-Jean-Baptiste, décédé le 20 janvier 1918, à Dijon (Côte-d'Or).

MOLLE Etienne-Claudius, décédé le 25 septembre 1916, à Cléry (Somme).

MONTAGNY Jean, décédé le 18 mars 1915, aux Islettes (Meuse).

MORRETON Francis-Antonin, décédé le 8 décembre 1915, à Montbrison (Loire).

MORRETON Victor-Jean, décédé le 9 août 1916, au bois de Contant (Meuse).

MOULIN Catherin, décédé le 31 mars 1918, à Chazelles, des suites de maladie contractée au front.

MOULIN Jean-Baptiste, décédé le 20 juillet 1916, à Barleux (Somme).

MOULIN Jean-Marie, décédé le 20 mars 1915, à Harbonnières (Somme).

MOULIN Joannès, décédé le 27 octobre 1916, au bois de Chaulnes (Somme).

MOULIN Joannès, décédé le 18 octobre 1915, à Tahure (Marne).

MOULIN Joannès-Pétrus, décédé le 21 novembre 1914, à Compiègne (Oise).

MOULIN Joanny, décédé le 10 mars 1916, à Germonville (Meuse).

MURIGNEUX Pierre, décédé antérieurement au 12 septembre 1914, région de Saint-Soupplets (Seine-et-Marne).

NÉEL Jean-Claude, décédé entre le 6 et le 16 août 1916, à Barleux (Somme).

NÉEL Jean-Marie, décédé le 4 juillet 1916, à Estrées (Somme).

NÉEL Marius-Gabriel, décédé antérieurement au 11 février 1915.

NÉEL Mathieu-Claudius, décédé le 20 février 1915, à Sultzeren (Haute-Alsace).

NOALLY Pierre, décédé le 3 juin 1916, à Verdun (Meuse).

ODIN Jean-Baptiste, décédé le 13 février 1917, à l'ambulance 1/66.

ODIN Jean-Pierre, décédé antérieurement au 12 septembre 1914, région de Saint-Soupplets (Seine-et-Marne).

ODIN Stéphane-Pierre, décédé le 28 décembre 1914, au sud-est d'Ypres (Belgique).

OGIER Joseph, décédé le 5 décembre 1918, à Chazelles, des suites de ses blessures.

ORARD Charles-Eugène, décédé le 15 mars 1915, à Aix-Noulette (Pas-de-Calais).

PAILLEUX Joannès-Marius, décédé le 18 juillet 1918, à Pourcy (Marne).

PANNETIER Louis, décédé le 26 mai 1918, à Chazelles-sur-Lyon.

PASSOT Barthélemy, décédé le 8 septembre 1917, à Ornes (Meuse).

PASSOT Pierre, décédé le 23 mai 1916, à Verdun (Meuse).

PERRACHON Jean-Marius, décédé le 4 juin 1916, à Vaux (Meuse).

PERRET Benoit, décédé le 9 novémbre 1918, à Chazelles, des suites de ses blessures.

PERRET Claude, décès constaté le 3 octobre 1915, à Souain (Marne).

PERRET Guillaume, décédé le 26 novembre 1915, au Cessier (Somme).

PERRET Jean-Benoit-Ambroise, décédé le 22 septembre 1914, à Nomexy (Vosges).

PERRICHON Joseph-Marius, décédé le 9 juillet 1918, au camp de Bohain (Allemagne).

PESSELON Joseph-Claudius, décédé le 29 août 1914, à Charmois (Vosges).

PESSELLON Jean-Joseph, décédé le 28 octobre 1916, à Dugny (Meuse).

PETIT Francis-Jean, décédé le 27 septembre 1914, à Rosières-en-Santerre (Somme).

PICHAT-GUERRE Benoit-Marius, décédé le 19 octobre 1916, à Vendresse (Aisne).

POIZAT Jean-Louis, décédé le 6 septembre 1914, à Oissery (Seine-et-Marne).

PONCET Jean-Marie, décédé le 28 décembre 1914, à Aubigny (Pas-de-Calais).

POY Joanny-Marius, décédé le 3 novembre 1916, à Siivica (Serbie).

PUPIER Benoit-Jean-François, décédé le 12 septembre 1916, à Cléry (Somme).

PUPIER Claude-Marius, décédé le 29 juillet 1918, à Grand-Rozoy (Aisne).

PUPIER Claude-Marius, décédé le 14 juin 1917, à Angicourt (Oise).

PUPIER Jean-Claude, décédé le 2 juin 1916, à Verdun (Meuse).

PUPIER Jean-Louis, décès constaté le 7 octobre 1914.

PUPIER Marie-Joseph, décédé antérieurement au 13 août 1916.

REBIÈRE François, décédé le 26 mai 1916, à Vaux (Meuse).

REBOUL Louis, décédé le 1er août 1918, à l'ambulance 416.

REDT Joanny-Marius, décédé le 21 mars 1915, à Maricourt (Somme).

RESSICAUD Joseph, décédé le 18 avril 1918, au mont Kemmel (Belgique).

REYNAUD Jean-Baptiste, décédé le 4 avril 1918, à Chazelles, des suites de maladie contractée aux armées.

REYNAUD Louis-Marius, décédé du 13 au 15 octobre 1914, à Beuvraignes (Somme).

RIVOIRE Jacques-Emmanuel, décédé le 1er septembre 1914, à Mandray (Vosges).

RIVOLIER Etienne-Marius, décédé le 9 septembre 1914, à Xermamenil (Meurthe-et-Moselle)

ROCHETTE Claude, décédé le 17 août 1918, à Frétoy et Beuvraignes (Oise).

ROL François-Marie-Joseph, décès constaté le 24 octobre 1917, à Verdun (Meuse).

ROSE Antoine-Marie, décédé le 7 mars 1916, à Aubigny-en-Artois (Pas-de-Calais).

SÉON Pierre-Etienne, décédé le 2 novembre 1914, à Lyon, (hôpital Villemanzy).

SOULÉ.

STARON Jacques-Antoine, décédé le 19 février 1915, à Barenkopf (Alsace).

THÉVENON Jean-Claude, décédé le 28 juin 1916, à La Marlière (Somme).

THIVILIER Jean-Baptiste, décédé le 8 avril 1917, à Cauroy (Marne).

THIVARD Antoine-Marie, décédé le 8 mai 1918, à Hallebast (Belgique).

THOLLOT Louis-Jean-Marie, décédé le 8 juillet 1916, à Hardecourt (Somme).

THOMAS Pierre-Antoine, décédé le 25 octobre 1914, à Paris (hôpital Beaujon).

TROTTET Antoine, décédé antérieurement au 3 novembre 1914, à Xaffevillers (Vosges).

TROUILLEUX Joannès, décédé le 31 août 1917, à Aillès (Aisne).

VAUTERIN Louis, décédé le 29 septembre 1918, à Culoz.

VENET François-Charles-Adrien, décédé le 24 avril 1918, au bois de Sénécat (Somme).

VENET Jean-Baptiste, décédé le 27 décembre 1916, à Douaumont (Meuse).

VERCHERAND Frédéric, décédé le 19 août 1914, à Dornach (Alsace).

VERNAY Jean-Claude-Camille, décédé le 7 mars 1915, à Montdidier (Somme).

VERNAY Martin-Jean-Marie, décédé le 30 août 1914, à Gerbéviller (Meurthe-et-Moselle).

VERNE Etienne-Marius, décédé le 1er février 1919, à Alagrange (Lorraine).

VILLARD Joannès, décédé le 12 novembre 1914, à Nossoncourt (Vosges).

VILLON Joseph, décédé le 27 mai 1915, à Metzeral (Alsace).

VIRICEL Jean-Antoine, décédé le 24 octobre 1914, à Beuvraignes (Somme).

VIVIER Jules, décédé le 16 avril 1917, à La Ville aux Bois (Aisne).

ZAPPI Pierre-Joseph, décédé le 12 avril 1915, à Bron (Rhône).

DISPARUS

BEAUCOUP Joseph.
BERNE Jean-Claude.
BESSON Antoine.
BESSON Joannès.
BIOLAY Jean-Marie.
BLANCHARD Jean-Marie.
BOUTEILLE Clément-Joseph.
BROSSE Claude-Léon.
CARTÉRON Marius.
CHAVAND Joannès.
CHAZALLET Joannès.
CHAZET Jean.
CLARET Jean-Pierre.
COMMARMOND Jean.
DUMONT Marcel.
DURY Jules.
EPERCIEUX Claude.
FAYOLLE Etienne.
FAYOLLE Jean-Pierre.
FERLAY Claude.
FICHET Jean-Benoit.
FICHET Marceau.
FORAY Jean-François.

FOURNAND Antoine.
GANDIN Joannès.
GARDON Louis.
GORD Louis-Antoine.
GRANGE Joannès.
GUBIAN Marius-Joseph.
GUILLOT Claude-Antoine.
JEANPIERRE Joseph.
LONGÈRE Louis.
LORNAGE Louis.
MICHEL Claude.
MONTMAIN Jean-Joseph.
MOULIN Mathieu.
MURE André.
ODIN Jean-Benoit.
PAILLEUX Jean.
PERRET Jacques.
PLUVY Louis.
POULAT Antoine.
RONZY Jean.
SÉNARD François-Marius.
VERCHERAND Jean.

A nos BLESSÉS et MUTILÉS

en témoignage de notre sympathie

Vous avez noblement défendu la Patrie ;
Votre sang a rougi notre sol adoré ;
En votre corps meurtri, la valeur aguerrie
A vengé le Pays vénérable et sacré !

Votre titre éclatant réside en vos blessures,
— Stigmates glorieux qui reflètent l'honneur, —
Car, pour nous préserver d'infâmes flétrissures,
Vous vous êtes dressés contre l'envahisseur !

Debout contre le fer et contre la mitraille,
Formant comme un rempart superbe de fierté,
Vous avez affronté la terrible bataille
Pour le Droit, la Justice et pour la Liberté !

Auprès de nos Martyrs, vous fûtes héroïques,
Et sous nos trois couleurs rayonnant sous les cieux,
Aux généreux accents de vos âmes stoïques,
La Victoire apparut dans l'azur radieux !

Votre effort mérita l'ultime délivrance !
Tous nos Preux immortels viennent vous acclamer,
En offrant pour toujours à notre belle France
La Paix qui réconforte et qui sait nous charmer !

BLESSÉS ET MUTILÉS

ALLIGIER Auguste.
ANNEQUIN Marius.
BARONNIER Antoine.
BARONNIER Benoit.
BARONNIER Jacques.
BARONNIER Pierre.
BATAILLON Francis.
BAYARD Jacques.
BELLON Jean-Baptiste.
BERGER Jean.
BERGER Jean-Pierre, dit Joannès
BERGER Joannès.
BERNE Benoit-Mathieu.
BERNE Claudius.
BERNE Victor.
BERTHOLON Louis.
BERTHOLON Marius.
BESSON Jean-Claude.
BESSON Joanny-Félix.
BEYRON Amand.
BEYRON Gabriel.
BEYRON Jean.
BEYRON Joannès.
BISSY Albert.
BISSY Camille.
BISSY Nicolas.

BLANCHARD Jean-Benoit.
BLANCHARD Jean-Marie.
BLANCHARD Joannès.
BLANCHON Mathieu.
BLOUIN Joseph.
BONNET Jean-Marie.
BONNIER Antoine-Marius.
BOUCHUT Etienne.
BOURDIER Charles.
BOUTEILLE Marcel.
BRUYAS Pétrus.
BRUYÈRE Claudius.
BUY Antoine.
CADOR Antoine.
CARTÉRON Jean-Marie.
CHAIZE Claude.
CHANAVAT Joannès.
CHARRETIER André.
CHARTIER Maurice.
CHARVOLIN Claude-Antoine
CHAZET Marius-Etienne.
CHEVRON Antoine.
CHEVRON Jean-Baptiste.
CHEVRON Pierre.
CHEVROT Jean-Marie.
CHEVROT Pierre.

CHIRAT Jean.
CHOMAT Joanny.
CIBERT Louis.
COLLET Joseph.
COMBE Joanny.
COUNY Jacques.
CROIZIER Jean-François.
CROIZIER Jacques.
DANCÉ Antoine.
DÉCLÉRIEUX Claude-Simon
DÉCLÉRIEUX Pierre.
DÉCLÉRIEUX Stéphane.
DELAY Paul.
DEPAILLAT Antony.
DÉSAGE Louis.
DUBOIS Antoine.
DUCLOS Jean.
DUMAS Jean.
DUPUY Emile.
DUSSURGEY Eugène.
DUT Louis.
DYON Pierre.
EMONET Jean.
FAYOLLE Pierre-Antoine.
FERLAY Jean.
FERRÉOL Claudius.
FERRÉOL Jean.
FERRÉOL Marius.
FICHET Antoine.
FICHET Jean.
FLÉCHET Pierre.
FONTANAY Joannès.
FOUR Antoine-Maurice.
FRANCE.
FROGET Francisque.
FROGET Pierre.
GACON.
GANDIN Victor.
GARDON Jean.
GERIN.
GIRARD Jean-Marie.
GIRARD Théophile.
GIRAUDIER Claude.
GONON Benoit.
GONON Laurent.
GORD Jean-Marie.
GOUTAGNEUX Stéphane.
GOUTAGNEUX Joannès.
GOUTTENOIRE Claudius.
GOUTTENOIRE Louis.
GRANGE Baptiste-Lucien.
GRANGE Jean-Marie.
GRANGE Pétrus-Marius.
GRATALOUP François.
GUILLAIN Jean.
GUILLOT Joseph.
JOUBAN Jean.
JUBAN Claudius-Antoine.
JUBAN Marius-Louis.
JUILLET Joannès.
JULLIEN Jean-Benoit.
LACROIX Jean-Marie-François
LACROIX Pierre.
LAFAY Jean.

LAFAY Jean-Claude.
LARUE Pierre.
LASSONNERY Albert.
LAVAURE Marcel.
LORNAGE Marius.
MARIGNIER Benoit.
MASSET Jean-Marie.
MATHELIN Joseph-Jean-Marie.
MATRICON Jean.
MAURICE Jean-Marie.
MAURICE Léon.
MAUVERNAY Benoit.
MEILLAND Claude.
MENELON Marius.
MERLE Gaston.
MEUNIER Joannès-Claudius.
MEYRIEUX Joannès.
MÉZARD Jean-Baptiste.
MICHALON Benoit.
MICHALON Joseph.
MONTAGNY Aimé.
MONTÉZIN Claudius.
MOULIN Mathieu.
MOUREAU Alphonse.
MOUREAU Hyacinthe.
NÉEL Benoit.
NÉEL Jacques-Joseph.
NÉEL Joseph.
NÉEL Laurent-Marius.
NOAILLY Antoine.
NOAILLY Pierre.
ODIN Jean.

OGIER Jean.
ORARD Jean-Marie.
PASSOT Pierre.
PELLETIER Antonin.
PERRICHON Antoine-François
PESSELON Antonin.
PESSELON Jean.
PESSELON Jean-Benoit.
PIGNOL Jean.
PIOT Francisque.
PIOT Georges.
PLUVY Jean.
PLUVY Jean-Baptiste.
POIZAT Maximin.
PONCET Barthélemy.
PONCET Pétrus.
POY Francisque.
POY Joseph.
PROST François.
PROTIÈRE Pierre.
PUPIER Antoine.
PUPIER Benoit.
PUPIER Etienne-Marie.
PUPIER François.
PUPIER Jean-Marie.
PUPIER Joannès.
PUPIER Pierre-Marius.
PUPIER Stéphane.
RELAVE Pierre.
RESSICAUD Jean-Marius.
RESSICAUD Joannès.
RICHAGNEUX Jean.

RIGAUD Joseph.
RIVAUD Francisque.
RIVOIRE Pierre.
RIVOLLIER Jean.
ROCHE Joannès.
ROSE Antoine-Marie.
ROSSIGNOL Marius.
ROUSSET Joannès.
ROUSSET Marcel.
RUFFY Barthélemy.
SAUTEL André.
SÉON Joannès.
THÉLISSON Claude-Antoine.
THÉLISSON Jacques.
THÉVENON Antoine.
THEVENON Etienne.
THEVENON François.
THEVENON Joannès.
THÉZARD André.
THIVARD Marius.
THIOLIÈRE Jean-Pierre.
THIVILLIER Emile.
THOLLOT Jean-Marie.
THOLLY Antoine-René.

THOLLY Pierre.
THOMAS Antoine.
THOMAS Benoit.
THOMAS Joseph.
TISSEUR Georges.
TISSEUR Joannès.
TISSEUR Joannès.
TISSEUR Pierre.
TRICAUD Mathieu.
TROUILLEUX Joseph.
VENET Marius.
VERCHERAND Benoit.
VERNAY Jean.
VERNET Gabriel.
VERNIÈRE.
VÉTARD Marius.
VIALATON Benoit.
VILLARD Antonin.
VILLEMAGNE René.
VILLON Régis.
VINCENT Jean-Baptiste.
VINCENT Joannès.
VIRICEL Jean-Marie.
VIRICEL Marius.

A nos Chers Prisonniers

L'exil, le dur exil, bien loin de la Patrie,
Loin des êtres aimés, de la maison chérie,
Tel fut le sort cruel qui, sans jamais finir,
Ravivait constamment la douleur de votre âme,
Pendant qu'à vos foyers s'entretenait la flamme
      De votre touchant souvenir !

Des cauchemars affreux souvent peuplaient vos rêves,
Et vous n'entendiez point la douce voix des grèves
Murmurer près de vous sa divine chanson ;
Les charmes des petits, les baisers d'une mère,
Fuyaient comme, là-bas, le nuage éphémère,
      Qui se dissipe à l'horizon !

L'Epouse, cependant, gardait son cœur fidèle,
Pour qu'à votre retour, vous la trouviez plus belle
Après la longue épreuve, où ses yeux attristés
Avaient souvent, le soir, cherché dans le ciel même,
Le sublime soutien, l'espérance suprême
      D'un lendemain plein de clartés !

Elle souffrait aussi de la Guerre terrible,
Mais elle savait bien que la France invincible
Ornerait de lauriers le front de ses enfants,
A l'heure solennelle où l'effort de nos Braves
Ayant enfin brisé les perfides entraves,
      Viendrait nous rendre triomphants !

Chers Prisonniers, s'il fut, sur la terre étrangère,
D'horribles jours de deuil où planait le mystère,
Si vous ne voyiez point surgir le prompt réveil,
Le péril angoissant suspendu sur vos têtes
A cessé tout à coup quand la sombre tempête
      A fait place, soudain, à l'éclatant soleil !

PRISONNIERS

ALLIGIER Auguste.

BADOIT Jean-Claude.

BERNE Benoit-Mathieu.

BERNE Laurent.

BERNE Stéphane.

BESSON Claudius.

BESSON Jean-Baptiste.

BEYRON Joannès.

BEYRON Joseph.

BLANCHARD Claudius.

BLANCHARD Clément.

BLANCHON Jacques.

BONNIER Jean-Marie.

BONNIER Joannès.

BOUTEILLE Marcel.

BRAILLY Octave.

BRION Jean-Marie.

BRUNET Louis-Léon.

CANCALON Pétrus.

CARTÉRON Louis.

CATHERIN Antonin.

CHARRETIER Antoine.

CHARREYRE Jean-Marie.

CHILLET Jean.

CHIRAT Jean.

CIBERT Eugène.

CLOUPET Joseph.

COQUARD Claudius.

COQUARD Joseph.

DANCET Philibert.

DÉCLÉRIEUX Pierre.

DEJOINT Claude.

DELORME Jean.

DION Alfred.

DOUSSON Antonin.

DUBŒUF Claudius.

DUBŒUF Jean.

DUBŒUF Jean-Marie.

DUMOULIN François.

DURRET Pétrus.

FLÉCHET Antoine.

GANDIN Victor.

GARASSUS Louis.

GIGANDON Benoit.

GIRARD Joannès.

GIRAUDIER Claude.

GIRIN Antoine.

GIROUD Jean-Marie.

GORD Etienne.

GOUTAGNY Jean.

GOUTAGNY Pierre.

GOUTTENOIRE Louis.

GRANGE Marius.

GRATALOUP Félix.

GROS Pierre.

GUBIAN Marcellin.

HENDRICK Jules.

JOLY Claude.

JOLY Joseph.

JOURJON Pierre.

LACROIX Félix.

LAFAY Benoit.

LAFAY Jean-Louis.

LAVAL Jean.

MAISONNETTE Jean-Claude

MARTIN Henry.

MARTIN Jean-Marie.

MATRICON Jean.

MAUBUISSON Maxime.

MAUVERNAY Alphonse.

MEILLAND Joannès.

MÉZARD Jean-Baptiste.

MICHALON Joseph.

MICHEL Jean-Marius.

MONTSERRET Louis.

MOUREAU Hyacinthe.

NÉEL Janvier.

NÉEL Emile.

NÉEL Marcel.

ODIN François.

ODIN Joanny.

PALAISY Alexandre.

PAULEAU Raymond.

PERRACHON Louis.

PERRICHON Joseph.

PESCI Joseph.

PLUVY Jean.

PLUVY Jean-Baptiste.

PLUVY Joannès.

PONCET Pétrus.

POULAT Antoine.

PUPIER Antoine.

PUPIER Etienne-Marie.

RAVACHOL Antoine.

RÉMOND Paul.

RICHAGNEUX Antoine.

RIGAUD Joseph.

RIVOIRE Emile.

RONZON François.

RONZY Joannès.

SERRE André.

THEVENON Etienne.

THEVENON Pétrus.

THIVELET François.

THOMAS Pierre-Marie.

TISSEUR Pierre.

VASSOILLE Pierre.

VENET Jean.

VERNAY Jean-Pierre.

VIVIER Fleury.

WATINE Henri.

A la gloire de tous les soldats de France, et en particulier des vaillants Poilus chazellois.

LORSQUE PASSAIENT LES BRAVES... [1]

Pour un jour, ils avaient quitté le sombre enfer ;
Leurs fronts étaient très beaux sous le casque de fer,
Et, sur leur cœur, des croix brillaient, vivant symbole
Où la valeur traçait sa divine auréole.
Ils défilaient devant le peuple de Paris,
Et les mères en deuil, et les vieillards surpris,
Et les petits enfants, et l'innombrable foule,
Les acclamaient sans cesse avec un bruit de houle ;
De longs vivats retentissaient dans tous les rangs,
Pour ces soldats que l'héroïsme fit si grands !...
Hier encor, ils luttaient au fond de la Champagne,
En Alsace, en Artois, dans la plaine, en montagne,
Ils défendaient rageusement le sol sacré
Contre le fol orgueil d'un rival exécré ;
Leurs exploits, que bientôt racontera l'Histoire,
S'inscriront, rayonnants, au temple de la Gloire,
Près des noms de nos Morts, debout dans leurs tombeaux,
Quand l'angoisse frôlait les plis de nos Drapeaux !...

Oui, vous pouviez, Soldats, lever bien haut vos têtes,
Devant ce peuple fier qui brava les tempêtes :
Il fut digne de vous ! Il le sera demain,
Pour orner, au retour, de fleurs votre chemin !...
Vous avez, en passant, senti frémir son âme ;
Elle était forte, ardente, elle semblait de flamme ;
Elle vous adorait, vous, les fils bien aimés
Qui chantiez la vaillance à nos regards charmés !
Vous reviendrez !... Alors, dans une apothéose
Où le soleil couchant embrasera de rose
L'Arc géant illustré des hauts faits d'autrefois,
La Victoire et la Paix paraîtront à la fois !

Cette heure brisera nos dernières entraves,
Et nous irons à vous, nos Protecteurs, nos Braves,
En vous tendant les bras en un geste béni
Qui montera chercher jusque dans l'infini
Le calme, l'idéal, la suprême espérance,
Pour les offrir encor au cher Pays de France !

---

(1) Cette poésie, composée à l'occasion d'un impressionnant défilé de soldats français à travers les rues de Paris, le 14 juillet 1917, a été honorée d'un autographe, avec photographie, de Monsieur RAYMOND POINCARÉ, Président de la République.

Le 14 juillet 1918, à la veille de la bataille des nations, et de la formidable contre-offensive qui devait finalement libérer le territoire, ce furent des soldats de toutes les puissances alliées qui défilèrent dans la capitale. Et le 14 juillet 1919, dans une magnificence sans égale, fut célébrée la fête de la Victoire. Le 13, la Ville de Paris avait tenu à offrir des épées d'honneur aux maréchaux FOCH, JOFFRE et PÉTAIN. Aux Invalides, à Notre-Dame, et dans toutes les églises parisiennes, il y eut de touchantes et grandioses cérémonies à la mémoire de nos héros tombés pour la Patrie. Sous l'Arc de Triomphe, un immense cénotaphe fut placé, symbolisant les tombes d'un million et demi des nôtres, et sous la « porte de gloire ouverte sur le ciel », dans la lumière éclatante des projecteurs, des lampadaires et des torches, ce fut comme la veillée funèbre au milieu des drapeaux, des palmes, des fleurs, des trophées de guerre, des fumées mystiques et des parfums, où, — spectacle profondément émouvant — des cuirassiers, des fantassins, des fusiliers marins, représentant l'armée entière, montaient, avec le peuple, auprès des Morts, la garde d'honneur des Vivants.

Puis, le 14, dans la matinée, de la porte Maillot à la Place de la République, des délégations de nos 21 corps d'armée et de nos alliés (Américains, Britanniques, Italiens, Japonais, Hélènes, Polonais, Portugais, Roumains, Serbes, Siamois, Tchéco-Slovaques) parcoururent la Voie triomphale brillamment pavoisée et fleurie. Le monument funéraire ayant été déplacé, Chefs et Soldats passèrent à leur tour sous l'Arc de Triomphe, et suivirent l'incomparable Avenue des Champs-Elysées et les grands boulevards, où se pressaient, pour les acclamer frénétiquement, huit millions de Parisiens et de provinciaux. Auparavant, devant le cénotaphe, les Présidents de la République, du Sénat, de la Chambre, les maréchaux, les ministres de la guerre et de la marine, un soldat, un marin, une Alsacienne, une Lorraine, avaient déposé des fleurs et des couronnes, pendant que la musique de la Garde républicaine jouait la Marseillaise et le Chant du Départ, et que, solennels, tonnaient les canons. Et quand, au défilé grandiose, tous les Drapeaux des régiments, aux soies meurtries et déchiquetées, s'inclinèrent devant le monument funéraire qui semblait renfermer les âmes de tous nos Morts, les veuves et les mères, étouffant des sanglots, joignirent l'hommage de leur douleur à celui de la multitude dont la clameur immense sans cesse retentissait.

Il est impossible de décrire la physionomie de Paris en cette journée unique dans l'histoire du monde, la splendeur de sa parure, les acclamations et l'enthousiasme de ses habitants, l'émotion qui étreignait les âmes, les élans de la foule représentant la voix du peuple entier. Des tribunes, dont l'une avait été réservée aux mutilés, des toits, des fenêtres, des balcons, des arbres, des deux côtés des larges artères où de grands mâts portaient sur des écussons les noms des combats les plus fameux, de partout, inlassablement, vétérans, enfants des écoles, jeunes filles, jeunes gens, hommes et femmes de tout rang et de toute condition, dans l'union des cœurs transfigurés par la Victoire, proclamèrent devant l'univers la bravoure des sauveurs de la Patrie, dont le triomphe surpassa la plus splendide apothéose qu'on aurait pu rêver.

DISTINCTIONS

OBSERVATION. — Malgré tous les renseignements pris, et le soin minutieux apporté à l'établissement des diverses listes, quelques omissions involontaires ont pu être faites; on voudra bien les excuser.

Nos remerciements bien sincères à ceux et celles qui ont bien voulu nous aider dans notre tâche difficile.

LÉGION D'HONNEUR

Ont été nommés chevaliers de la Légion d'honneur, pour faits de guerre :

BERNE Victor.
EMONET Jean, instituteur [1].
GIRARD Jean-Marie.
GRANGE François [1].
VERNET Gabriel.

MÉDAILLE MILITAIRE

Ont obtenu la Médaille militaire :

BARONNIER Benoit.	BLANCHARD Jean-Marie.
BARONNIER Benoit.	CHAZET Marius-Etienne.
BERGER Jean-Pierre, dit Joannès	CHOMAT Joanny.
BERNE Jean-Claude.	DUTEL François [2].
BESSON Charles.	DYON Pierre.

---

(1) Ces deux officiers, tués à l'ennemi et cités à l'ordre de l'armée, sont de droit, par ce fait, chevaliers de la Légion d'honneur. *(Décision Ministérielle).*

(2) « La médaille militaire (légion d'honneur pour les officiers) est conférée de plein droit à tous les militaires tués à l'ennemi, qui ont été l'objet d'une citation à l'ordre de l'armée, pour les actions de guerre au cours desquelles ils ont trouvé la mort. »
(Décision du Ministre de la Guerre).

GIRARD Jean-Marie.
GOUTTENOIRE Louis.
JUBAN Marius-Louis.
LORNAGE Marius.
MARIGNIER Benoit.
MEILLAND Claude.
MERLE Gaston.
ODIN Jean.
OGIER Jean.

PUPIER Etienne-Marie.
PUPIER Stéphane.
ROSE Antoine-Marie.
ROUSSET Marcel-Camille.
THÉLISSON Jacques.
VERNIÈRE.
VILLEMAGNE René.
VILLON Régis.
VIRICEL Marius.

Croix de Guerre et Citations

Ont été cités à l'ordre du jour et décorés de la Croix de Guerre :

ANNEQUIN Pierre.
BADOIL Jacques-François.
BARCET Jean-Claude.
BARONNIER Antoine.
BARONNIER Benoit (2 cit.).
BARONNIER Marius (2 cit.).
BARONNIER Pierre.
BATAILLON Francis (3 cit.).
BAYARD Jacques (3 cit.).
BAZIN Alexandre (2 cit.).
BAZIN Constant.
BEAU Jean.
BELLON Jean-Baptiste.
BERDIEL Jean-Antoine.
BERNARD Jules.
BERGER Jean.
BERGER Jean-Pierre, dit Joannès (3 citations)
BERNE Benoit-Mathieu (2 cit.).
BERNE Claudius (3 cit.).

BERNE Jean-Claude.
BERNE Victor (3 cit.).
BESSON Charles.
BESSON Claudius.
BESSON Jean-Claude.
BESSON Joannès.
BESSON Joanny-Félix (2 cit.).
BESSON Pierre.
BEYRON Amand (3 cit.).
BEYRON Benoit (2 cit.).
BEYRON Francis.
BEYRON Gabriel (2 cit.).
BEYRON Jean (2 cit.).
BEYRON Pierre (7 cit.).
BEYRON Pierre-Marie.
BISSY Albert (2 cit.).
BISSY Camille (2 cit.).
BISSY Nicolas.
BLANC Marius.
BLANCHARD Jean-Benoit.

BLANCHARD Jean-Marie.

BLANCHON Jacques (2 cit.).

BLOUIN Joseph (2 cit.).

BLOUIN Philibert.

BLUMA Joseph-Antoine.

BONNARD Jean-Joseph (2 cit.)

BORDET Germain.

BOUCHUT Etienne-Marie
(2 citations)

BOURRIN Antoine.

BOURRIN Jean.

BROSSE Claude-Léon.

BRUYAS Pétrus.

BRUYÈRE Antoine.

CADOR Antoine (3 cit.).

CHAIZE Claude.

CHARRETIER André.

CHARRETIER Jean-Claude.

CHARRETIER Stéphane.

CARTÉRON François-Siméon

CHARTIER Maurice (3 cit.).

CHAVAGNEUX Jean (2 cit.).

CHAVOT Pierre.

CHAZET Marius-Etienne.

CHEVRON Jean-Baptiste.

CHEVRON Jean-Benoit (2 cit.)

CHILLET Jean-Baptiste.

CHOMAT Francis.

CHOMAT Joanny (4 cit.).

CLARET Jean-Pierre.

COMBE Claudius.

COTE François (2 cit.).

COUDOUR Claudius.

COUNY Francisque (2 cit.).

CRÉMÉRIEUX André.

CROIZIER Jean-Baptiste.

CROIZIER Jean-François.

CROZIER Antonin (2 cit.).

CROZIER Benoit-Antoine
(2 citations)

DANCÉ Antoine.

DÉCLÉRIEUX Claude.

DELAY Paul.

DEPAILLAT Antony.

DÉSAGE Léon-Camille.

DÉSAGE Louis.

DÉSAGE Lucien-Jean.

DUBŒUF Joannès.

DUBŒUF Marius (2 cit.).

DUBOIS Antoine.

DUCLOS Jean.

DUFAUT Eugène (2 cit.).

DUPUY Joannès-Pierre.

DUT Claude.

DUTEL François.

DYON Pierre.

EBRARD Sylvain.

ECUYER Maxime (3 cit.).

EMONET Jean.

ESCOT Jean.

FERLAY Benoit (2 cit.).

FERLAY Camille.

FERLAY Jean.
FERLAY Joseph.
FERRÉOL Jean (2 cit.).
FERRÉOL Marius (2 cit.).
FICHET Jean.
FLÉCHET Benoit.
FLÉCHET Pierre.
FOISSET Marius.
FONTANAY Joannès.
FORAY (2 cit.).
FROGET Francisque.
GACON (3 cit.).
GARDON Jean-Pierre.
GARDON Stéphane.
GAULIN Jean-André.
GAZAGNES Emile.
GIRARD Jean (3 cit.).
GIRARD Jean-Marie.
GIRAUD Jérôme.
GIROUD Mathieu.
GONON Benoit.
GORD Etienne.
GORD Jean-Marie (2 cit.).
GOUTAGNEUX Joannès.
GOUTAGNEUX Stéphane.
GOUTAGNY Jean (2 cit.).
GOUTAGNY Louis.
GOUTAGNY Marius (2 cit.).
GOUTTE Léon (2 cit.).
GOUTTENOIRE Louis.
GRANGE François.

GRANGE Jean-Baptiste (2 cit.)
GRANGE Jean-Marie.
GRANGE Joanny.
GRATALOUP François.
GUBIAN Claudius (2 cit.).
GUILLOT Joseph.
GUYOT Jean.
JOUBERT Joseph.
JOUBERT Louis.
JUBAN Claudius.
JUBAN Marius-Louis (2 cit.).
JUILLET Joannès.
LAFAY Claude.
LAFAY Jean (2 cit.).
LAFOND Francisque.
LAMARQUE Aimé.
LAMURE Jean.
LASSONNERY Albert (2 cit.)
LASSONNERY Joannès (2 cit.)
LAURENT Jean (4 cit.).
LORNAGE Antoine.
LORNAGE Marius.
MADELMON Antoine.
MARIGNIER Benoit (3 cit.).
MARTIN Louis-Marie.
MARTIN Marius (2 cit.).
MATHELIN Joseph.
MAUBUISSON Maxime.
MAURICE Jean-Marie.
MAURICE Léon.
MAUVERNAY Benoit (4 cit.)

MENELON Marius (2 cit.).

MEILLAND Claude.

MERLE Gaston.

MÉZARD Jean-Baptiste (3 cit.)

MICHALON Benoit.

MICHEL Claude (3 cit.).

MOIROUD Hippolyte.

MOLIN Joannès.

MOLLE Etienne.

MONTÉZIN Claudius (2 cit.).

MONTSERRET Jean.

MONTAGNY Aimé.

MONTAGNY Barthélemy.

MOREL Pierre.

MORETTON Jean-Marie.

MORETTON Léon.

MOULIN Mathieu.

MOULIN Pierre.

MOUREAU Alphonse.

MOUREAU Hyacinthe.

MURE Claudius.

NÉEL Antoine.

NÉEL Antonin.

NÉEL Benoit.

NÉEL Francis (2 cit.).

NÉEL Jean (2 cit.).

NÉEL Jean-Marie.

NÉEL Joannès.

NÉEL Marius.

NÉEL Mathieu.

NICOLAS Joannès.

ODIN Jean (2 cit.).

OGIER Jean (4 cit.).

OGIER Joseph (2 cit.).

OGIER Simon-Louis (4 cit.).

ORARD Jean-Marie.

OZIL Louis-Romain.

PAILLEUX Joannès-Marius.

PASSOT Pierre.

PELLETIER Antonin.

PERRET Benoit.

PERRET Claude.

PERRICHON Antoine-François

PESSELON Antonin.

PESSELON Jean.

PESSELON Jean-Benoit.

PETETIN Robert (3 cit.).

PEYCELON Marius-Joseph
(2 citations)

PEYSSELON Jean-Marie.

PHILIPPON Camille.

PIOT Francisque.

PITAVAL Henri.

PLUVY Antonin.

PLUVY Jean.

PLUVY Marius (4 cit).

PLUVY Stéphane.

PONCET Barthélemy.

PONCET Joannès.

PONCET Louis (2 cit.).

POY Joseph.

PROST François.

PROTIÈRE Pierre.

PUPIER Benoit.

PUPIER Etienne-Marie.

PUPIER François (2 cit.).

PUPIER Jacques.

PUPIER Jean-Marie.

PUPIER Joannès.

PUPIER Pierre-Marius.

PUPIER Stéphane.

RAINEAU Marius.

REBOUL Louis (2 cit.).

RESSICAUD Jean-Marius
(5 citations)

RESSICAUD Joannès.

RESSICAUD Joseph (2 cit.).

RICHAGNEUX Jean (2 cit.).

RIVAUD Francisque.

RIVIÈRE Jean-Marie.

RIVOIRE Pierre (2 cit.).

RIVOLLIER Antonin.

RIVOLLIER Jean-Etienne.

RIZOUD Claudius.

ROCHE Joannès.

ROCHETTE Claudius (2 cit.).

ROMAND Claude.

ROSE Antoine-Marie.

ROSSIGNOL Marius.

ROUSSET Marcel-Camille.

ROUSSET Joannès.

ROUSSET Louis.

RUFFY Barthélemy.

SÉON Joannès.

SÉRAMY Jean (2 cit.).

THÉLISSON Jacques.

THÉVENON Antoine.

THEVENON François.

THEVENON Jean-Baptiste.

THIOLIÈRE Jean-Pierre.

THIVARD Marius (2 cit.).

THIVILLIER Emile (4 cit.).

THOLLOT Jean-Marie.

THOLLY Antoine-René.

THOLLY Joannès (2 cit.).

THOMAS Antoine (3 cit.).

THOMAS Jacques (4 cit.).

THOMAS Louis-Gabriel.

THOMAS Pierre-Marcellin.

TISSEUR Georges.

TISSOT Claude (2 cit.).

TISSOT Honoré.

TROUILLEUX Joseph.

VENET Charles-François.

VENET Ennemond (2 cit.).

VENET Nicolas.

VENET Pierre.

VERCHERAND Benoit (2 cit.)

VERNAY Jean.

VERNET Gabriel (2 cit.).

VERNIÈRE.

VÉTARD Marius.

VILLARD Antonin.

VILLEMAGNE René.

VILLON Régis.
VINCENT Jean-Baptiste (4 cit.)
VINCENT Joannès (2 cit.).
VIRICEL Claude-Henri.

VIRICEL Jean-Antoine.
VIRICEL Marius.
VIRICEL Mathieu.

MÉDAILLE D'HONNEUR DES ÉPIDÉMIES

RIBEYRON Joseph, aumônier.

N.-B. — La Chambre a été saisie par le Gouvernement d'un projet de loi tendant à la création d'une médaille commémorative de la Grande Guerre. Aux termes du projet, cette médaille serait accordée à tout militaire ou marin présent sous les Drapeaux ou à bord des bâtiments armés par l'Etat, entre le 2 août 1914 et le 1er novembre 1918, ainsi qu'aux infirmières ayant servi dans les hôpitaux ou formations sanitaires. Le même insigne serait remis, à titre de souvenir, aux familles des militaires et marins morts pour la Patrie.

Un autre projet tend à instituer une médaille interalliée de la guerre, dite Médaille de la Victoire. Elle serait en bronze, et porterait à l'avers une « Victoire ailée »; au revers, cette inscription : « La grande guerre pour la civilisation », traduite dans chaque langue pour chaque nation. Elle serait décernée à tout militaire ayant fait partie pendant au moins trois mois des unités combattantes. Le ruban figurerait deux arcs-en-ciel juxtaposés par le rouge, avec, sur chaque bord, un filet blanc.

Quoi qu'il advienne de ces projets, il est à souhaiter que pour réparer des oublis et parfois même des injustices, une distinction soit créée en l'honneur de tous les Braves qui ont souffert et lutté pour la libération commune; ce sera un bien faible hommage rendu à leur vaillance et à leur courage.

Un coin de l'Hartmannwillerkopf

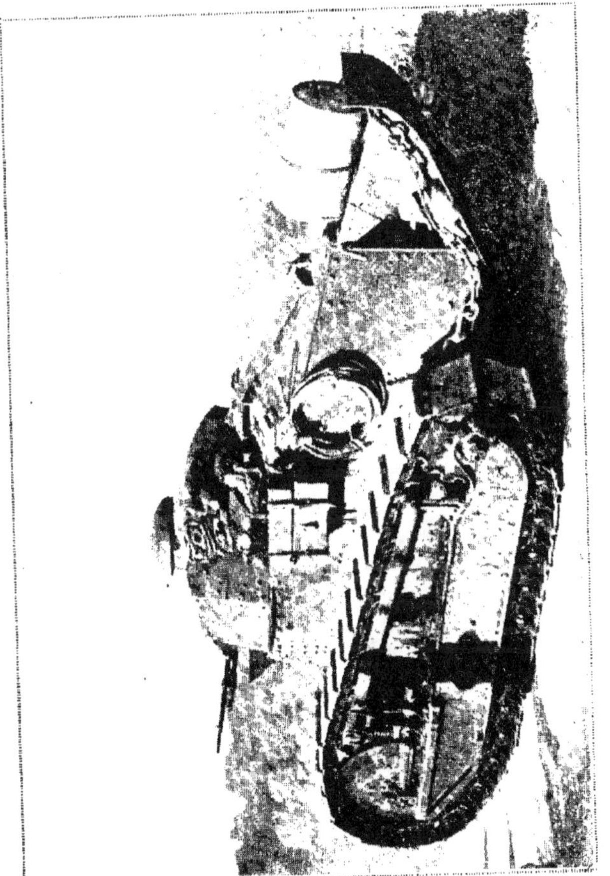

Nos chars d'assaut légers

Ode a la Paix Victorieuse

Des palmes à la main, le front ceint de lumière,
Auguste, elle apparaît, et dans le firmament,
En la splendeur d'un jour admirable et clément,
Elle sourit aux Preux de l'effroyable Guerre.

« A vous, Français, dit-elle, intrépides Soldats
« Inscrits au Livre d'Or de l'immortelle gloire,
« J'offre tous ces lauriers cueillis par la Victoire
« Dans l'épique grandeur des tragiques combats ! »

Et les braves Guerriers, et le peuple de France,
Et les Veuves en pleurs, et les petits enfants,
Et ceux qui, noblement, sont tombés, triomphants,
S'avancent vers la Paix qui porte l'espérance :

— « Si nous avons souffert, si nous avons lutté,
« Si nous avons tremblé pour toute notre race,
« Si le vieux Coq gaulois, contre l'Aigle rapace,
« A déployé l'ardeur d'un courage indompté ;

« Si nous sommes meurtris, si notre sacrifice
« Nous a couchés, sanglants, dans les calmes sillons,
« Si l'ouragan de fer, broyant nos bataillons,
« A fait de nos Héros l'holocauste propice,

« O Paix, c'était pour toi ; c'était pour que demain
« Puisse voir refleurir, sur les tombes austères,
« Parmi les rayons clairs, et l'encens des prières,
« Les antiques vertus dont s'orne le chemin ;

« C'était pour que jamais, dans la suite des âges,
« L'effrayant cauchemar ne se montre à nos fils,
« Et pour qu'agenouillés au pied des crucifix,
« Nous transformions nos deuils en consolants présages !

« Et c'est pourquoi nous t'acclamons, nous, les Vivants,
« Et nous, les Morts, ensevelis dans la poussière
« Après avoir rempli la tâche tout entière
« Mêlée au souvenir des grands soirs émouvants !

« O Paix, de nos foyers éloigne les alarmes,
« Toi qui nous fus acquise au prix de tant d'efforts,
« Toi que les Alliés, peuples libres et forts,
« Ont su ravir au Ciel par la valeur des armes !

« Brille à nos yeux, soutiens nos bras, garde nos cœurs !
« Règne par la bonté, règne par la justice ;
« Chasse de nos esprits l'orgueil et l'artifice,
« Toi, l'ineffable don de nos Soldats vainqueurs ! »

LA PAIX

En terminant, ajoutons quelques mots relatifs à la conclusion de la paix. Le 23 juin 1919, à 15 heures 30, Von Haniel, président par intérim de la délégation allemande à Versailles, reçut de son gouvernement l'ordre d'annoncer aux gouvernements alliés que l'Allemagne était disposée à signer le traité de paix tel qu'il avait été présenté à la Conférence. Cet événement sensationnel fut annoncé à Chazelles au milieu de la nuit du 23 au 24, par la joyeuse sonnerie des cloches.

Enfin, le samedi 28 juin 1919, à 3 heures 15 de l'après-midi, la Paix, réparant l'injustice de 1870, et une partie des désastres immenses causés par la brutale agression de 1914, a été signée à Versailles, dans la Galerie des Glaces, par les représentants de l'Allemagne (MM. Muller et Bell à leur tête) et les envoyés des vingt-deux nations en guerre contre elle. Par une délicate attention de Monsieur Clémenceau, des délégations de simples soldats de toutes les grandes puissances assistaient à la signature, qui fut donnée dans l'ordre suivant : les plénipotentiaires allemands, la délégation américaine conduite par le Président Wilson, la délégation britannique, par Monsieur Lloyd George, la délégation française, par Monsieur Clémenceau, puis l'Italie, le Japon, la Belgique, etc... A 15 heures 45, le défilé des signataires étant terminé, les premiers coups d'une salve de cent un coups de canon retentirent : l'heure la plus solennelle dans l'histoire du monde venait de consacrer la Victoire du Droit sur la Force, et de marquer l'effondrement moral et militaire de l'Allemagne et le triomphe de nos armes.

A Chazelles, le pavoisement des habitations et des monuments publics marqua l'allégresse de la population à l'annonce de cette nouvelle, et le *Te Deum* fut chanté à l'église le lendemain, dimanche.

Le lundi, 30 juin, Monsieur CLÉMENCEAU, président du Conseil, présentait le traité au Parlement. Son discours à la Chambre, affiché dans toutes les communes de France, fut l'occasion d'une manifestation grandiose et spontanée de la part des députés et du public des tribunes. L'évocation des maux soufferts, le souvenir de nos Morts vénérés, l'appel à l'union nationale lui suggérèrent des accents particulièrement émouvants :

« Il est vrai, dit-il, nos champs sont ravagés, nos villes, nos villages sont rasés, l'élite de notre jeunesse repose au sol sacré dans un linceul de gloire, notre plus précieux trésor. Tous les biens ont été prodigués sans mesure, le plus beau sang a coulé par tous les pores, les larmes ont sillonné tous les visages, tous les cœurs ont frémi d'une indicible horreur, mais les larmes des supplices et le sang des blessures nous ont laissés meilleurs, plus hauts, plus grands, plus complètement Français... La paix, nous la ferons comme nous avons fait la guerre, sans faiblesse comme sans orgueil théâtral, avec la résolution infrangible de rester dignes des grands morts qui ont voulu le prolongement de la France en ses vertus historiques... Mais la paix générale ne serait que le fallacieux mirage d'un jour, si nous n'étions pas capables de vivre d'abord en paix avec nous-mêmes, c'est-à-dire de donner, comme fondement de la paix extérieure, la paix intérieure à notre propre pays. »

Il est essentiel de remarquer qu'un autre traité, qui sera peut-être aussi important dans l'histoire du monde que le traité de paix, a été signé également. C'est celui qui, constituant une alliance défensive, promet à la France, si elle était de nouveau attaquée sans provocation de sa part, l'appui de l'Amérique et de l'Angleterre.

La France de Demain

C'est vous qui la rendrez prospère,
Malgré nos pleurs, malgré nos deuils ;
Vous ferez briller la lumière
Au-dessus de tant de cercueils !

Vous la vêtirez, par vos âmes,
D'un manteau d'immortalité ;
Vous la pénétrerez des flammes
Où rayonne la Liberté !

Vous rendrez le foyer bien tendre
Pour les petits, pour les Mamans,
Afin qu'en paix il puisse attendre
Le retour de jours plus cléments !

Nous sommes la France qui souffre :
Venez éclairer son chemin
Au sortir de l'horrible gouffre :
Soyez la France de demain !

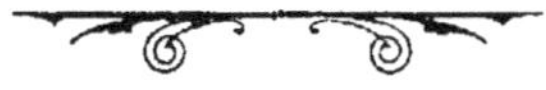

Quelques Notes d'Histoire Locale

STRUCTURE GÉNÉRALE DU FOREZ

« Le département de la Loire, dit Monsieur Gruner, géologue genevois, est l'un des plus variés sous le rapport de la configuration extérieure. La Loire le parcourt dans toute sa longueur, du sud au nord; à le considérer dans son ensemble, c'est une large vallée fermée à l'est, au sud et à l'ouest. Les monts du Lyonnais et du Beaujolais le séparent du bassin du Rhône; la chaîne des Cévennes avec le Pilat pour point culminant, le limitent au sud, et les monts du Forez, dominés par Pierre-sur-Haute, l'isolent du bassin de l'Allier.

« Le département de la Loire renferme deux plateaux bien dessinés : le premier est celui de Saint-Etienne. Sa superficie est peu productive, mais ses entrailles recèlent la houille, aliment indispensable à l'industrie. — La Loire, depuis sa source jusqu'à Saint-Rambert, n'est qu'un torrent ; mais, arrivée là, elle devient « douce et paisible ». Une plaine immense s'ouvre devant elle : c'est la plaine du Forez. Çà et là, quelques collines rompent la monotonie du paysage. C'est d'abord la croupe boisée du mont d'Uzore, puis les buttes volcaniques de Saint-Romain-le-Puy et de Montverdun. La plaine se ferme par la réunion des monts du Forez et du Beaujolais. La digue du Pinay, profondément encaissée, contient les eaux tumultueuses du fleuve qui se dissimule au fond d'un étroit défilé, appelé défilé des Roches. Ce pas franchi, la Loire passe du premier plateau à celui de la plaine de Roanne ; rien ne la retient plus ; elle coule majestueuse, et se prête enfin à la navigation. — Entrée dans le département à une altitude de 416 mètres, à Saint-Paul-en-Cornillon, elle en sort, à Saint-Pierre-la-Noaille, à 250 mètres d'altitude. »

LE LANGAGE

« Notre pays tient le milieu et sert de passage entre le nord et le midi de la France, entre la langue d'oïl et la langue d'oc, les bassins de la Méditerranée et de l'Océan.

« Rome a surtout laissé son empreinte dans notre langue et dans nos lois. Notre patois, débris de la vieille langue indigène, est imprégné de termes et de mots latins. Plus rude dans les montagnes, plus languissant dans les plaines, toujours un peu lourd, il est sonore autour de Saint-Etienne, comme le parler des races méridionales ; il baisse de ton, il se dépouille peu à peu de la latinité en remontant vers le nord, et, aux environs de Roanne, ne diffère guère du langage du Bourbonnais et de la Bourgogne. »

Le patois de Chazelles est un peu différent de celui de Saint-Galmier et de la plaine du Forez proprement dite. On comprend que les habitants y restent attachés par tradition, car il serait regrettable de voir disparaître nos patois locaux si expressifs, mais cela ne doit point les empêcher de bien connaître la langue française, de la parler et d'en instruire leurs enfants, ce qui sera par la suite, pour ceux-ci, d'une grande utilité.

CHAZELLES

Sept communes de France portent le nom de Chazelles. Quatre, qui ont un nombre d'habitants inférieur à deux cents, se trouvent dans les départements de Meurthe-et-Moselle, du Cantal, de la Haute-Loire et du Jura ; une cinquième est dans la Charente ; enfin, dans le département de la Loire, sont situés Chazelles-sur-Lavieu, du canton de Saint-Jean-Soleymieux, et Chazelles-sur-Lyon, notre petite ville, de beaucoup la plus importante, car elle dépasse six mille habitants.

Le nom de Chazelles dérive vraisemblablement du latin "Castellum" (château) ou encore de "casella" (chaumière). Dans les anciennes chartes, Chazelles est le plus souvent désigné sous le nom de villa (au xe siècle, bourg, agglomération).

L'origine de Chazelles paraît très ancienne, mais il est impossible d'attribuer une date précise à sa fondation, une partie des archives communales n'existant plus. D'après certains documents, trouvés dans l'ancienne abbaye de Savigny, près de l'Arbresle, il paraît certain que Chazelles, comme village, existait avant le xe siècle.

Chazelles-sur-Lyon est situé à une altitude de 630 mètres, dans le Forez, et sur les confins du Lyonnais ; il est à 28 kilomètres de Montbrison, ancien chef-lieu du département de la Loire, et où se tiennent encore les assises. Il est à 30 kilomètres de Saint-Etienne, chef-lieu depuis 1856, renommé pour ses usines métallurgiques, ses armes, sa houille, ses rubans [1] ; 10 de Saint-Galmier [2], célèbre par ses eaux minérales ; 7 de Saint-Symphorien-sur-Coise, chef-

---

[1] Saint-Etienne, dès le début du xviiie siècle, était devenu la plus grande ville du Forez. A cette époque, l'industrie de la soie venait d'être apportée par des Italiens, d'abord à Saint-Chamond, puis à Saint-Etienne, où le poète CHAPELON, en parlant des métiers à rubans, disait « .... de quauque Ribandeyre que féziant qu'au n'aït aucun moyen de leyre, d'écrire, de parla ni de sarra lou zio ». Vers 1700, le fer et le charbon occupaient déjà plus de bras que la soie.

[2] La ville de Saint-Galmier doit son nom au diacre saint Baldomère ou Galmier, qui en était originaire. Les habitants se nomment Baldomériens.

lieu de canton le plus proche du département du Rhône et centre important de fabrication de la charcuterie lyonnaise.

Lyon [1], par voie ferrée, est à 53 kilomètres ; par la route, en passant par Duerne et Yzeron, il est à 50 kilomètres seulement.

Notre ville, centre très important de chapellerie, compte actuellement plusieurs sociétés (l'une date de 1839) distribuant à leurs membres des secours en cas de maladie ou de chômage, des retraites pour la vieillesse, et un certain nombre de groupements religieux, professionnels, philanthropiques ou sportifs, des syndicats, amicales, sociétés d'anciens élèves, sociétés patriotiques, coopératives [2], etc... La Compagnie des Sapeurs-Pompiers (capitaine Monsieur MAUVERNAY), date de 1860 ; l'Harmonie des Enfants de Chazelles (fondateur Monsieur JUILLET), de 1865 ; le Syndicat agricole a été constitué le 1er décembre 1903 ; la Société des Jardins ouvriers et des Habitations à bon marché a été fondée en 1908, grâce à l'activité de Monsieur VACHER.

Chazelles possède deux bibliothèques populaires, dénommées : l'une, communale, et l'autre, paroissiale, et un bureau de bienfaisance pour les nécessiteux. Il a une gendarmerie, un bureau de perception, une succursale de la Société Générale et de la Banque Privée de Saint-Etienne, un Commissariat de Police et un Bureau de Poste. L'Hôpital est administré par une commission dite « Commission de

---

[1] Lyon, autrefois Lugdunum, était la capitale des Gaules. C'est la première ville du monde pour la beauté et la richesse de ses soieries. Elle garde de nombreux vestiges de la domination romaine. Plusieurs empereurs romains l'ont habitée et avaient leur palais sur la colline de Fourvière (vieux Forum). Un aqueduc, dont on voit encore des restes imposants, amenait l'eau du Gier à Lyon. — La foire de Lyon, destinée à contrebalancer celle de Leipzig, en Allemagne, obtient chaque année un succès toujours croissant.

[2] La coopérative « *La Chazelloise* » comprend la boucherie, le vin, le charbon, l'épicerie et la boulangerie.

l'Hospice ». Une succursale de la Caisse d'Epargne de Montbrison a son siège à la Mairie [1].

La ligne du chemin de fer de Lyon à Montbrison, par Chazelles (gare P.-L.-M. à deux kilomètres de la ville), a été mise en exploitation le 17 janvier 1876; celle du tramway électrique a été établie en 1899. D'autres lignes interdépartementales sont projetées. La ligne télégraphique entre Saint-Galmier et Chazelles a été placée en 1872, en suite d'une souscription faite par les soins de Monsieur Jean CLAVEL, adjoint, et de Monsieur MEUNIER, notaire, souscription dont la commune a fourni le complément. La Compagnie d'éclairage par le gaz, LIMOUSIN et Cie, s'est installée en 1876; l' "Energie Industrielle" en 1900; la Compagnie électrique " Loire et Centre " une dizaine d'années plus tard.

Chazelles, qui fut autrefois canton, est archiprêtré de première classe [2].

EGLISE

Plusieurs auteurs prétendent que la première église paroissiale de Chazelles était située à un kilomètre de la ville actuelle, sur la route de Saint-Galmier, au lieu appelé

---

(1) Pour notre commune, la liste des maires, depuis 1853, est la suivante : Messieurs CLAUDE BESSON, GUILLAUME VÉRICEL, LOUIS NÉEL, CHARLES BESSON, JEAN-MARIE NÉEL, CLAUDE PUPIER, ANTOINE VERPILLEUX, EUGÈNE PROVOT, FAYOLLE, JULES FERRIER, DUCASSE. Monsieur EUGÈNE PROVOT, maire actuel, a été réélu deux fois depuis 1909. Parmi les adjoints, nous remarquons les noms de Messieurs ANTOINE CHANAVAT, JEAN CLAVEL, ANTOINE GUBIAN, CLAUDE PUPIER, FRANÇOIS THOMAS, ETIENNE BLANCHON, FAYOLLE, LOUIS FRANCE, ALIX BONNET, JOSEPH TROCCON, MARTIN, GRÉGOIRE, BENOIT FLÉCHET, JOSEPH GROMOLLARD et ETIENNE PÉRONNET. Ces deux derniers, adjoints actuels, avaient déjà été élus conseillers sous d'autres municipalités. Secrétaires : Messieurs DUCHEZ, BADOIL et VERNAY.

(2) Depuis 1857, les curés de Chazelles ont été les suivants : Messieurs ANTOINE-MARIE BRUXELLES, BENOIT OLLAGNON, ANDRÉ MOYNE, JEAN-BAPTISTE LAFOREST, inhumés dans le caveau du cimetière ; FÉLIX RAMBAUD et Monsieur RENÉ GAUTHIER, archiprêtre actuel (Messieurs DEVAUX et MAUBUISSON, vicaires). Monsieur GALAND, qui fut curé de Chazelles de 1807 à 1845, homme d'une franchise rude et d'une grande bonté, laissa un souvenir particulièrement vénéré. Son corps repose au milieu de l'église, près du chœur. Un PUPIER de Montalègre, curé de Viricelles, est enterré également dans l'église de Chazelles, ainsi qu'un certain nombre d'autres personnes. — La réglementation des inhumations à l'intérieur des églises fut fixée par un décret du 12 juin 1804.

" La Tour ". Des restes d'ossements du cimetière avoisinant l'édifice ont été retrouvés à cet endroit, en défrichant un terrain, autrefois communal, en bordure de la route.

« Il existait, dit Monsieur Vincent Durand, une tour commandant le chemin, sans doute voie romaine de Feurs au Pont-Français, et de là à Vienne, et, à côté de cette tour, une église : Saint-Romain-le-Vieux, qui paraît avoir été la paroisse primitive de Chazelles. »

Il est certain que Saint-Romain-le-Vieux, à la Tour, et le village de Chazelles, à l'emplacement actuel, ont existé simultanément.

L'église actuelle de Chazelles est l'œuvre des Chevaliers de Saint-Jean de Jérusalem ; elle date du xii⁰ siècle. Le chœur et la majeure partie de la grande nef sont contemporains de la partie la plus ancienne du château. La nef de gauche, le clocher et les travées qui le supportent datent de 1827 [1]. Dans la nef centrale, l'ogive est moins accusée que dans les bas-côtés ; l'ensemble de l'église présente une certaine unité, mais les nefs peu élevées et les piliers massifs donnent une impression de lourdeur.

Dès sa fondation, l'église fut placée sous le vocable de Notre-Dame et de Saint Jean-Baptiste, patron des Chevaliers. C'est pourquoi le 15 août est la fête patronale, et c'est ce qui explique — avec une célèbre translation de reliques en 1667 — le curieux usage ancien d'orner, le 24 juin, les fenêtres des maisons de branches de frêne.

La grosse cloche de l'église porte la date de 1590 ; les cinq qui l'accompagnaient, détruites pendant la Révolution, ont été remplacées par deux autres, en 1847 [2].

A la fin du xvi⁰ siècle, l'église avait neuf chapelles, et

---

(1) Les plans et devis furent dressés par Monsieur Trabucco, architecte à Montbrison.

(2) A cette date, la seconde cloche, qui avait été achetée après la Révolution, fonctionnant mal à cause du manque d'équilibre du joug, fut échangée contre l'actuelle, et revendue à la paroisse Sainte-Barbe, à Saint-Etienne. Le son en est, paraît-il, fort harmonieux.

douze au XVIIe [(1)]. On peut voir autour du chœur et dans les chapelles plusieurs blasons sculptés qui rappellent les armes des Commandeurs.

Les cinq vitraux actuels du chœur sont l'œuvre de Monsieur MAUVERNAY, de Saint-Galmier, et datent de 1852. Le dallage fut refait en 1854. Le portail de l'église est bâti en calcaire conchylien du Lyonnais.

COMMANDERIE

Les Chevaliers de Saint-Jean de Jérusalem, appelés depuis Chevaliers de Rhodes, puis Chevaliers de Malte, furent le premier ordre religieux et militaire produit par les Croisades. De leurs sept grandes circonscriptions ou " langues " — dont trois pour la France — dépendaient les Commanderies. Celle de Chazelles [(2)], dépendante de la " langue " d'Auvergne, était placée au centre de la ville. Elle était contiguë à l'église, et portait le nom de Château. La partie la plus ancienne du château est certainement l'aile orientale confinant à l'église. Il ne reste de cette construction primitive que la grenette et la sacristie. La grosse tour carrée, dont les murs mesuraient à la base près de deux mètres d'épaisseur, et les bâtiments qui l'entouraient, ont été démolis en 1883, pour établir un passage de la place Poterne à la place de l'Eglise. Cette aile fut probablement la première installation des Chevaliers de Saint-Jean de Jérusalem ; elle date de 1148. Le bâtiment principal, flanqué de deux tours rondes, et la tour hexagonale servant d'escalier, furent construits vers le XVe siècle.

La Commanderie possédait des biens importants sur

---

(1) Parmi les chapelles de notre église, on remarque celle de Saint Jacques, patron des chapeliers, de Saint Isidore, patron des laboureurs, et de Saint Roch, dont la statue était autrefois dans la chapelle élevée vers 1629, année où sévissait la peste. — Jusqu'en 1887, la fête de Saint Jacques (1er mai) était chômée à Chazelles.

(2) Le représentant du Commandeur, agissant en tout et pour tout au nom de celui-ci, était désigné sous le nom de juge châtelain. Cette charge a été pour ainsi dire héréditaire dans la famille PUPIER. — A la Révolution, PUPIER DE BRIOUDE était propriétaire du château de la Rouillère.

diverses paroisses de la région. Tous les fiefs, privilèges, haute, moyenne et basse justice, qui appartenaient aux Chevaliers de Saint-Jean, furent abolis en 1790. Gaspard de la RICHARDIÉRE DE BESSE fut le dernier des cinquante-sept commandeurs de Chazelles-en-Forez. En 1793, il fut arrêté comme suspect à Montpezat (Tarn-et-Garonne), condamné à mort par FOUQUIER-TINVILLE, et guillotiné à Paris.

TERRIERS

Les terriers étaient des registres contenant le dénombrement, les déclarations des particuliers qui relevaient d'une seigneurie, et le détail des droits, cens et rentes qui lui étaient dus.

Dans le répertoire du terrier de 1677, on trouve des noms attestant l'ancienneté d'un grand nombre de familles existant de nos jours : CROZIER, ESCOT, THOMAS, GRANGY, TISSOT, CHARTIER, GIRAUD, JUBAN, JEANPIERRE, MORETTON, MICHALON, PUPIER, GRANGE, BLANCHARD, GORD, PINAY, GIRAUDIER, GRATALOUP, FOURNAND, BADOIL, DELORME, GUBIAN, GORD, PUPIER bras de fer, etc...

Dans les inscrits au terrier de 1576, on voit figurer entre autres : DUMONT, JOACHIM dict (dit) GIRODIER, FALCONNET, THIVILLIER, TISSOT, THÉLISSON, TYVEL, DUMONT, BLANCHON, Jehan COUSTECHAUDES, BONNET, BEYRON, CROZIER des Ormes, Jehan CHARRETIER dict QUIXARD, VILLON, JOASSARD, Flurys VILLET et Françoise TORTORON, sa femme ; FALCONNET, FARLAY, François TISSOT, dict RACLE ; Guillaume PETIT, dict MACHIQUE ; GRANGIER, Jehan de PULCHIÈRES, Anthoyne THIVILLIER, Jehan GARITHON, Jehan MOLLYN, Jean de la RUE, Jehan du MONT, CRESTIEN, BARTHÉLEMY, fils de Nicolas RAT ; CARTHEYRON, PROST, BRUYAS, GANDIN, DETHOLLIER, dict CADERAT ; Jehan BADOY, MAILLARD, GIRIN, JUBAN, dict PUPIER ; Jehan MARGAT, dict THOLLOT ; CHENEVAT, dict COROT ; FORISSIER, DUPUY, Claude THIVILLIER et Claude PUPIER, prestres ; Marie BARCEL, Marie BESSON de Jeancenays, Jane TORTORON, dict BRET ; Monseigneur de CHOURIÈRES, CHAMPAIGNEUL, dict COURT ; GIRAUD, etc...

D'après ce qui précède, nous voyons qu'un certain nombre de familles portent des noms dont on a fait des noms de hameaux, comme : Margat, d'où est venu Margassière ; Quinard, Quinardière ; Thivillier, Thivillière ; Girodier, Girodière. Pulchières est devenu Pulchère. Les origines du Rat, de Caderat, de Tourteron, du Bret, du Racle, du Mont, du Pupier, du Joassard, de Côte-Chaude, des Ormes, du Pinay, sont clairement indiquées.

En 1696, Chazelles était ainsi divisé pour la perception de l'impôt [1] : « La Ville, le Faubourg, le Martorey, le Piney et le Mont, les Pupier et Tortoron, la Chèze (Jouassard), Jencenay, l'Ormanchère et la Thivillière ».

CHARENTAINE

Il existait, aux portes de Chazelles, le fief de Charentaine, dont le château occupait vraisemblablement la pointe extrême du plateau dominant la Gimond. De ce point, on jouit d'une vue superbe sur les collines boisées de Grézieu, Pomeys, Saint-Symphorien, les hauteurs de Duerne, d'Aveize, de la Chapelle-en-Vaudragon, et le vaste demi-cercle de montagnes où s'étagent pittoresquement les bourgs de Coise, l'Aubépin, Larajasse, Châtelus, Grammond, Fontanès, Chevrières et Saint-Médard, au pied desquels coule la Coise, qui baigne le village et la vallée de Saint-Denis. Il ne reste de ce château aucune trace ; il dominait l'endroit où, près de la Gimond, les deux chemins anciens de Saint-Galmier et de Chazelles à Saint-Symphorien se rejoignaient pour n'en former qu'un seul.

---

(1) L'impôt vexatoire de la '' dîme '' n'était pas toujours perçu sans protestation. Les Commandeurs concédaient à des fermiers le droit de lever la dîme moyennant une rétribution en nature ou en argent. Cet impôt était établi sur tous les grains, à raison d'une gerbe sur douze. — Les tailles, espèce d'impôt mobilier, étaient réparties arbitrairement.

FORTIFICATIONS

Chazelles possèdait deux murs d'enceinte. Le premier partait de l'angle ouest de la place de l'Eglise, se dirigeait de l'est à l'ouest vers la tour Jean Besson, tournait brusquement au nord, longeait l'impasse Paparelle, traversait la grande rue actuelle, pour aboutir à la tour Henri Besson. De là, il reprenait la direction de l'est, tournait au sud, aboutissait à la porte et à la tour Saint-Roch, puis à une autre tour située à l'angle nord de la place Poterne actuelle, d'où il rejoignait la grosse tour carrée près de l'église.

Le deuxième fut construit au xiv⁰ siècle, au moment de la guerre de cent ans, pour protéger les habitants contre les bandes de pillards, Routiers, Tard-Venus, Coupe-Jarrêts de toute nationalité qui infestaient les campagnes. La partie qu'il enserrait se nommait le Faubourg. Il partait de la rue Jean Besson, traversait la rue de l'Hôpital, aujourd'hui rue des Ecoles, et aboutissait à la tour de l'Hôpital. De là, il suivait le boulevard du Sud, où il subsiste encore, arrivait à la tour Machique, à l'angle de la Maison Villemagne, et aboutissait à la porte du Fond de Ville ou de Montbrison, démolie en 1849. Il longeait ensuite la rue des Portes jusqu'à une tour fermant l'impasse Versailles, en face de la rue Caderat, puis se dirigeait de l'ouest à l'est vers une porte située au Terrat, en face de la rue du Fumont, et venait rejoindre la première enceinte à la tour Henri Besson.

En dehors des murs d'enceinte, il existe à trois kilomètres de la ville, une ancienne maison-forte du xvi⁰ siècle, la ferme de Belle-Croix. Elle était peut-être destinée à garder la route, passage militaire de Lyon à Montbrison.

CALAMITÉS

La fin du xv⁰ siècle fut marquée dans nos contrées, par une épidémie terrible qui ravagea le pays. En 1586 et 1587,

Passage de la Marne par les Troupes Françaises, le 22 juillet 1918

La Bataille de Verdun.   Camions automobiles se dirigeant vers la ligne de bataille.

la peste reparut; elle fit tant de victimes que Chazelles fut presque dépeuplé. Quarante-deux ans plus tard, en 1629, le fléau sévit de nouveau, importé, dit-on, par une balle de poils de chameau venant de Smyrne, et enleva à Chazelles cinq cents personnes. L'épidémie durait encore en 1631.

Le 1er et le 2 mai 1591, il tomba dans la région une si grande quantité de neige que les branches des arbres se rompirent. Il y en avait plus d'un pied de hauteur. Le même fait s'était produit la veille et le jour de l'Ascension 1551. Nous l'avons vu se renouveler pendant cette guerre.

Pendant les années de 1694 et 1695, il y eut dans nos contrées une grande disette. A Grézieu, quarante personnes moururent de faim. L'hiver de 1709 fut très rigoureux. Les objets de consommation atteignirent des prix fort élevés. Au mois de décembre 1763, la Coise déborda et emporta toutes les planches et passerelles. Les habitants des moulins situés sur la rivière durent déménager en hâte et emmener leurs bestiaux. Dans une autre crue, en août 1834, quarante ménages, à Saint-Galmier, durent déménager en toute hâte. Dix personnes périrent. Au pont de Chambœuf, la rivière s'élevait à une hauteur de trente-cinq pieds.

L'hiver de 1766, aussi rigoureux que celui de 1709, le surpassa par sa longue durée. Les glaces, sur la Loire, étaient épaisses de dix-huit à vingt pouces; les moulins étant gelés un peu partout, on fut très embarrassé pour pouvoir faire moudre le peu de grains qu'il y avait. Au printemps de 1765, à cause de l'abondance des pluies, près de la moitié des terres n'avaient pu être ensemencées; avant la moisson, la grêle avait dévasté la presque totalité de la récolte.

En 1792, dans la nuit du 11 au 12 mai, la neige tomba en abondance; le seigle et le froment furent couchés et étouffés; la récolte fut très mauvaise. Il régna une grande disette. Le pain se fabriqua avec de la fécule de pommes de terre, mêlée à du maïs, de l'orge ou de l'avoine, qu'on faisait venir de loin à grands frais. Des troubles éclatèrent, au sujet des grains que le peuple voulait faire taxer; des escrocs, qui apparaissent toujours dans les heures graves, profitèrent de cette détresse publique; des greniers furent envahis et pillés, et le produit vendu au plus offrant. — En 1906 et en cette année 1919, une sécheresse persistante occasionna d'importants dégâts.

Les anciens se souviennent du terrible hiver de 1870; celui de 1917-1918, qui a été fort long, nous a fait songer aux souffrances, ajoutées à tant d'autres, endurées par nos braves Soldats avec tant de patience et de générosité.

Enfin, cette guerre a été la plus effroyable calamité mondiale qui ait jamais existé. Il s'y est joint, en 1918, une épidémie qu'on a appelée grippe espagnole ou asiatique, et qui a fait un peu partout de nombreuses victimes.

QUELQUES FAITS HISTORIQUES

Chazelles subit plusieurs assauts. Un des plus importants fut celui donné en 1476, par les troupes du Milanais GALÉAS SFORZA, capitaine général en Dauphiné, Forez et Lyonnais, venant au secours de LOUIS XI, alors aux prises avec la Ligue de bien public. Les habitants soutinrent vaillamment le siège, et quand GALÉAS s'apprêtait à tenter un grand coup, l'annonce d'une trêve générale conclue entre le roi et ses ennemis arrêta tous les préparatifs. En quittant Chazelles, les Lombards se retirèrent en Dauphiné, après avoir poussé une pointe sur Saint-Genest-Malifaux, où ils furent défaits [1].

La période troublée des guerres de religion ne se fit guère sentir à Chazelles, où fut signée, en 1589, la capitulation du château de Montrond, assiégé par Anne d'URFÉ, chef des ligueurs foréziens. Il n'en fut pas de même à Saint-Médard, Bellegarde, Saint-Héand, Saint-Galmier, Mont-

---

(1) Le territoire du " Camp ", des deux côtés de la route de Grézieu, tire vraisemblablement son nom du camp des Lombards, ou peut-être de la fédération des gardes nationales du canton de Chazelles, qui eut lieu en cet endroit le 14 juillet 1791. — En 1815, des détachements alliés, comprenant surtout des Autrichiens, campèrent sur le chemin de Saint-Galmier, entre la ferme de Montalègre et la Tour, et sur la place Poterne. D'après ce que nous ont raconté les anciens, ils firent de nombreuses réquisitions, mais ne commirent pas trop de déprédations.

brison et Montrond. Dans ces deux dernières localités, le baron des ADRETS se rendit célèbre par ses cruautés [1].

En 1594, Chazelles fut attaqué par LE BELLAY, capitaine du marquis de Saint-Sorlin ; mais, grâce au courage de ses habitants et à la force de ses murailles, notre ville résista.

Le 5 mars 1789, les citoyens chazellois payant l'impôt, et âgés de vingt-cinq ans au moins, se réunirent, au son de la grosse cloche, dans l'auditoire de justice du château, pour procéder à l'élaboration du cahier de leurs doléances, et désigner quatre députés pour porter le dit cahier à l'Assemblée des Etats Généraux, qui se réunit à Versailles le 5 mai suivant. Les cahiers de doléances réclamaient pour la plupart la substitution de la monarchie constitutionnelle à la monarchie absolue, la liberté individuelle et l'abolition des privilèges.

Il est certain que la société française avait besoin de réformes importantes ; le tiers-état surtout les désirait, car la répartition des impôts, dont il portait presque tout le poids, était choquante et injuste. En pratique, la liberté individuelle n'existait guère, et l'inégalité se retrouvait même au sein de la famille, où le fils aîné seul avait droit à l'héritage. Il y eut malheureusement, par la suite, des excès très regrettables, réprouvés par la grande majorité de ceux-là mêmes qui avaient désiré avec le plus d'ardeur un changement de régime et l'avènement de la République.

Il n'y eut pas, à Chazelles, pendant la période révolutionnaire, de faits bien nombreux ni bien saillants, à part des troubles populaires, quelques arrestations suivies d'exécutions à Feurs, et la défaite des troupes lyonnaises par les soldats de JAVOGUES dans les rues de notre ville. Dans ce combat, connu sous le nom d' "affaire de Chazelles", qui se termina par la mort de SCIPION NICOLAÏ, commandant les

---

[1] On raconte qu'à Montbrison, des ADRETS prenait plaisir à faire sauter, du haut du donjon, soit sur les rochers, soit sur les piques de ses soldats, les défenseurs de la ville. Un jour, comme un soldat s'arrêtait sur le bord de la tour avant de se précipiter : « Quoi ! tu en fais à deux fois ! lui dit des ADRETS. — Monsieur, je vous le donne en dix », répondit le malheureux. Cette répartie lui sauva la vie.

forces royalistes, les deux partis adverses comptèrent malheureusement des victimes.

Il convient de remarquer que dans certains désordres et scandales qui eurent pour théâtre les rues et l'église qui fut mise à sac par une compagnie de dragons commandés à cet effet, l'élément étranger à la commune joua le rôle principal.

L'invasion ennemie et la proclamation de la Patrie en danger firent accourir de tous les points du territoire français, une foule de défenseurs volontaires, vaillante armée que vint renforcer ensuite la levée en masse de cinq cent mille hommes, ordonnée par la Convention. A Chazelles, une centaine de jeunes gens souscrivirent leur enrôlement volontaire entre les mains de Monsieur DE BEURONNE, de Saint-Barthélemy-l'Estra, ainsi que nous l'apprend un témoin oculaire, Monsieur BLANCHON.

LA PATRIE EN DANGER

Les Enrôlements Volontaires [1] *(1792)*

« Nulle part, l'élan patriotique ne fut plus unanime qu'à Chazelles. Une estrade avait été élevée sur la place Poterne. Plus de soixante Chazellois s'enrôlèrent le même jour. A chaque instant, on voyait un brave faire l'ascension de l'estrade, et apposer sa signature sur la feuille d'enrôlements, au milieu des applaudissements de la foule et des roule-

---

(1) Le 20 octobre 1918, à l'occasion de l'ouverture des souscriptions au quatrième Emprunt de la Défense Nationale, eut lieu à Paris une fête gymnique et sportive des jeunes gens de la classe 1920 appartenant aux sociétés de Préparation Militaire. La tribune élevée sur la place de l'Hôtel-de-Ville fut une reconstitution de la tente des enrôlements volontaires de 1792 dans la capitale. Les pylônes et décorations de la Place furent établis d'après les vieilles estampes du musée Carnavalet. Pendant les souscriptions, qui remplaçaient les enrôlements, les musiques jouèrent le ''Chœur des Girondins '' et le '' Chant du Départ '', pendant que les Drapeaux alliés flottaient au vent, au milieu du cercle imposant de nombreux canons pris aux ennemis. Le défilé des jeunes gens, portant le fanion des vingt-et-une régions militaires de France, suivis de délégations de soldats alliés avec leurs étendards respectifs, souleva les enthousiastes acclamations d'une foule immense.

ments de tambour. Dix de ces engagés volontaires revinrent plus tard au pays avec le grade d'officier.

« Les témoins de cette journée mémorable racontaient qu'un jeune chapelier se présenta sur l'estrade en tenue de travail, les manches de la chemise relevées jusqu'aux épaules. Aux mains, il avait ses " manicles " qu'il ne quitta pas même pour signer, se contentant de retirer le doigt du " doigtier " pour prendre la plume. Un valet de la ferme de Belle-Croix, s'étant enquis auprès des passants de la cause des roulements de tambour qu'il entendait depuis le matin, détela ses bœufs, et laissant la charrue au milieu du champ qu'il labourait, les ramena à la ferme : « Vous pouvez, dit-il à son maître qui se trouvait dans la cour, vous pouvez faire entrer les bœufs à l'écurie ; pour moi, je vais en ville signer mon engagement ». (Manuscrit de Monsieur BLANCHON, maire de Chazelles de 1815 à 1830)

Les volontaires chazellois de 1792 étaient les dignes fils de ceux qui résistèrent, en 1476, aux soldats du Milanais SFORZA, et, en 1594, à la compagnie du capitaine LE BELLAY, qui bombarda Chazelles infructueusement.

HOSPITALITÉ — CAMARADERIE

Du 13 au 17 septembre 1792, cinq cents hommes de troupe cantonnèrent à Chazelles. Les habitants pourvurent avec " enthousiasme " à leur nourriture et à tous leurs besoins, dit un rapport officiel du temps, ce qui prouve que les soldats de passage étaient, à cette époque déjà lointaine, aussi bien reçus à Chazelles qu'ils le sont de nos jours. Le bon renom d'hospitalité dont jouit notre ville, ainsi que d'autres communes de la région, est parfaitement mérité. — Il faut ajouter qu'il règne, en général, entre gens du même métier, ou simplement entre concitoyens, une franche camaraderie et une familiarité de bon aloi, qu'on ne trouve pas partout au même degré. Les exceptions, d'ailleurs, confirment la règle. Les soldats chazellois, pendant cette longue guerre, ont toujours été heureux, au cours de leurs fréquents déplacements, de rencontrer des compatriotes, qui leur rappelaient la famille absente et le pays natal; souhaitons que cette union des jours d'épreuve se continue maintenant, et se traduise par des œuvres efficaces de relèvement.

CHAZELLES, CHEF-LIEU DE CANTON

En 1790, date à laquelle la France fut divisée en départements, les députés des trois provinces du Lyonnais, Forez et Beaujolais, assemblés en Comité, fixèrent les limites de leur département, sa division en districts et en cantons [1]. Le territoire actuel du canton de Saint-Galmier comprenait deux cantons distincts et séparés : celui de Chazelles, avec neuf communes, et celui de Saint-Galmier, avec onze. En 1801, sous le Consulat, les deux furent réunis en un seul, avec Chazelles pour chef-lieu. Cet état de choses a subsisté jusqu'au 4 mai 1825, date à laquelle, en vertu d'une ordonnance royale, le canton fut transféré à Saint-Galmier.

FOIRES ET MARCHÉS

Jusqu'en 1772, il y avait trois foires annuelles à Chazelles, et un jour de marché par semaine : le mardi. Ces foires avaient lieu le jour de la Saint-Blaise (3 février), de la Saint-Roch (16 août), de la Saint-Jérôme (30 septembre).

En 1772, Louis XV autorisa deux nouvelles foires : le mardi de la semaine de Quasimodo, et la veille de la fête de Notre-Dame du mois de décembre (7 décembre).

Ces foires, rétablies en 1901, n'ont pas eu le succès espéré. Un deuxième marché a lieu le vendredi de chaque semaine.

---

(1) A l'Assemblée Constituante succéda l'Assemblée Législative. Des députés furent élus dans toute la France. Mathieu BLANCHON, de Chazelles, fermier du domaine de Montfuron, fut nommé député à cette Assemblée par le Collège de Rhône-et-Loire, réuni à Lyon.

HOPITAL

Avant le xviie siècle, il existait dans la rue de Lyon, près de la porte Saint-Roch, un hôpital qui s'écroula le 23 août 1618. L'hospice de Chazelles, fondé en 1830 [1] dans la maison BUER, fut détruit par un incendie. Il fut remplacé par l'hôpital actuel, autorisé par arrêté préfectoral, le 23 août 1856, et achevé en 1859.

CIMETIÈRE

Au xvie siècle, le cimetière de Chazelles était devant et autour de l'église; vers 1650, il occupait la partie nord-ouest de la place Poterne, au-dessous de la tour carrée; il fut bientôt insuffisant. En 1770, le Commandeur DE PRUNIER DE LEMPS acheta un emplacement joignant la chapelle Saint-Roch, et le convertit en cimetière. C'est aujourd'hui la place Thiers, où se trouve le monument élevé à la mémoire des Combattants de 1870-1871. En 1856, ce cimetière fut remplacé par celui du " Camp ", au Moulin à Vent. Ce dernier a été considérablement agrandi en 1890 et 1901.

Près des monuments qui seront élevés à l'église, au cimetière ou sur une de nos places, en l'honneur des soldats chazellois morts pendant la Grande Guerre, nous viendrons souvent apporter notre hommage et notre souvenir attendri. Ce sont eux, en union avec leurs frères d'armes, qui nous ont sauvés : ne les oublions jamais !

« Ceux qui pieusement sont morts pour la Patrie
« Ont droit qu'à leur cercueil la foule vienne et prie ! »
(VICTOR HUGO).

----

(1) Benoîte PLASSON, propriétaire du domaine du Rey, ou Plasson, fit réserver, en 1828, place Poterne, une chambre pour les malades pauvres, dans une maison dont elle fit donation aux sœurs Saint-Charles qui faisaient l'école gratuitement à près de deux cents filles indigentes. C'est, en germe, l'idée de l'hospice. — Parmi les bienfaiteurs de l'hospice, construit ensuite, ou de l'hôpital qui lui a succédé, on peut citer : Monsieur BUER, procureur à Montbrison ; Messieurs DE BRIOUDE, GALAND, Antoine PUPIER, etc... ; et, depuis 1858, Antoinette BAZIN, Claudine MORETTON, les époux CHARRETIER-DURRET, Jean-Marie MORETTON, Veuve DURRET, de Saint-Denis; Geneviève PERRET, OLLAGNON, curé ; Jean-Marie BLANCHON, Elisa LOUISON, Eugène PROVOT, etc..., et la Commission de Ravitaillement pendant la guerre. — Les noms des principaux bienfaiteurs sont gravés sur des tablettes de marbre à l'entrée de l'établissement.

ECOLES

Messieurs Gonon et Giraud avaient tenu une école mixte à Chazelles jusqu'en 1808. Avant 1840, Monsieur Juban dirigeait une école située au Martouret. L'établissement des Sœurs Saint-Charles date de 1808, celui des Frères Maristes, de 1840. L'asile pour petits garçons et petites filles fut construit en 1880 (Directrice actuelle : Mademoiselle Perrin). L'école publique actuelle de garçons remplaça l'école des Frères, rue Tourteron, en 1884 (Directeur : Monsieur Granger). L'école privée fonctionne depuis cette date, avenue du Cimetière (Directeur : Monsieur Magnier). La nouvelle école publique de filles fut bâtie en 1903 (Directrice : Mademoiselle Eymard); l'école privée nouvelle (Directrice : Mademoiselle Cognard), et l'asile contigu (Directrice : Mademoiselle Labrosse) en 1905.

C'est un devoir pour tous les habitants de Chazelles d'unir dans leur reconnaissance les modestes éducateurs et éducatrices de la jeunesse. Beaucoup ne sont plus, qui ont prodigué à la classe laborieuse chazelloise leur temps, leur vie et leur dévouement. D'autres, en ce moment, l'entourent de leurs soins assidus et intelligents. — C'est l'image de la France, gravée d'une façon indélébile dans le cœur de nos soldats par les maîtres de nos écoles, qui leur est apparue, rayonnante, dans les heures d'angoisse et d'épreuve, et jusque dans la mort. Une France nouvelle surgira de nos deuils; souhaitons qu'oubliant les discordes passées, elle connaisse l'ère de l'union féconde au sein de la justice et de la bonté, pour les restaurations nécessaires [1].

---

(1) « Songeons à la tâche que nous aurons à remplir après la guerre. Ce sera la France à reconstruire, à réparer, à redresser : tant de malheurs à consoler, tant de ruines à relever, tant d'espoirs à réaliser ! Prétendons-nous suffire à l'œuvre, sans discipline et sans union, dans le tumulte, les bavardages, les gaspillages et l'anarchie qui étaient hier l'aspect le plus ordinaire de nos mœurs politiques ? » (G. LANSON, *manuel général de l'instruction publique*, 24 juillet 1915)

« Il est nécessaire que la France soit aménagée pour que tous les Français y vivent à l'aise, y épanouissent leur idéalisme dans la forme qui leur est plus chère que tout le

PLACES ET RUES

Le nom de Poterne paraît venir d'une petite porte, percée dans la muraille de la ville, près de la tour carrée. Les biens de la Commanderie ayant été vendus pendant la Révolution, la commune conserva la partie occupée par la place, qui prit, par extension, le nom de la petite place Poterne (Pouterle), devenue le boulevard du Midi.

En 1840, la route départementale fut rectifiée dans la traversée de la ville, grâce au Conseil général qui, pour améliorer les voies de communication, vota une forte somme, dont Chazelles eut sa part. Plusieurs maisons furent démolies; d'autres, reconstruites ou réparées. La Bascule ou poids public fut établie en 1843, place Neuve, et la commune, par une heureuse combinaison, en devint propriétaire sans bourse délier.

Le chemin de Saint-Galmier fut classé, en 1850, route départementale annexe N° 1. Un nouveau chemin, améliorant les communications entre Chazelles et Saint-Symphorien, fut tracé la même année depuis la Gimond jusqu'au Tourteron. Une voie nouvelle fut établie entre Chazelles et Saint-Héand, et la partie comprise entre la Quinardière et le Bret fut ouverte à la circulation. Le tracé primitif fut modifié en 1854, année où furent aussi créés la rue Ramousse, au travers des terres du même nom, et le boulevard du Midi. Celui du Nord fut ouvert en 1858, sur des terrains appartenant à Monsieur DE BRIOUDE.

L'extrémité de la rue de Lyon, à l'est, est proche des limites du département du Rhône. De Chazelles à Lyon, par

---

bien-être matériel. Ni la logique idéale, ni la loi du nombre ne sont préférables au vœu d'un Français qui demande à vivre selon sa foi. » *(G. LANSON)*

« Au lendemain de la guerre, la haine sera morte, la haine qui est une forme de l'inintelligence autant que de la bassesse d'âme. » *(Edouard HERRIOT, maire de Lyon)*

« J'ai acquis, au cours de ces quatre années de souffrance et d'observation, ce sentiment de "respect" (des croyances) dont Monsieur DESCHANEL proclamait la nécessité récemment... Ma vie sera dominée, éclairée, embellie, par la splendide image de l'union sacrée dans la douleur. » *(Lettre d'un instituteur parisien à un ami de Chazelles)*

Grézieu-le-Marché, Duerne, Yzeron et Vaugneray, la route est des plus pittoresques. Il en est de même par Saint-Symphorien-sur-Coise et Saint-Martin-en-Haut. De l'une et de l'autre, on découvre d'admirables points de vue.

Du " fond de ville ", partent les routes conduisant à Chevrières et Saint-Héand, à Saint-Galmier, et à Montbrison par Bellegarde et Montrond. L'ancienne route de Viricelles, les " coursières " de Chazelles à Saint-Symphorien et autres communes, à Saint-Galmier par la Côte-Apathé, nous révèlent des sites originaux et variés; ils abondent d'ailleurs dans toute la campagne chazelloise et les environs.

INDUSTRIE

La Chapellerie

La tradition fait remonter l'industrie de la chapellerie au xvii⁰ siècle, mais elle doit remonter probablement au xvi⁰.

Plus tard, les archives communales font mention d'un procès-verbal du 7 pluviose an v (5 février 1794) réquisitionnant les chapeaux se trouvant chez les fabricants, pour coiffer les volontaires allant à la frontière. Ce procès-verbal mentionne qu'il a été trouvé mille deux cents chapeaux chez les trente-six fabricants chazellois.

La fabrication décroît ensuite, car, en 1818, Duplessis constate qu'elle atteint à peine le huitième de ceux qu'elle donnait en 1790.

Jusqu'en 1855, la fabrication semble être limitée par la consommation des huit ou dix départements environnants. Les chapeaux étaient vendus notamment à Clermont, Limoges et Nevers.

Vers cette époque, des maisons lyonnaises venaient tous les lundis acheter à Chazelles les marchandises fabriquées pendant la semaine. Les chapeaux, livrés à l'état de cloches, étaient dressés et garnis à Lyon; de là, ils étaient expédiés dans le monde entier comme chapellerie lyonnaise.

Le développement de la fabrication s'accroît ensuite de

plus en plus, et, de quatre à cinq mille chapeaux par semaine en 1850, s'élève à vingt mille vers 1870.

En 1871, on commence à livrer le chapeau garni. L'outillage se perfectionne, et des procédés mécaniques remplacent dans une large mesure les opérations manuelles. Nous n'entrerons pas dans le détail des différentes phases de cette fabrication ; elles sont connues des ouvriers chapeliers. L'avenir nous apprendra si d'autres perfectionnements sont possibles.

Des dix-sept maisons existant en 1871 et produisant un million et demi de chapeaux par an, plusieurs ont disparu. Bien peu sont ce qu'elles étaient à cette époque. Transformées, les autres ont pris un développement considérable, qui fait de Chazelles le premier centre manufacturier de France en chapellerie, et l'un des principaux du monde entier. Plusieurs millions de chapeaux sont expédiés annuellement dans toutes les directions [1].

La question du captage et de l'adduction des eaux nécessaires à l'industrie chapelière, à la consommation familiale et au lavage a depuis longtemps retenu l'attention des assemblées municipales. Sans être entièrement résolue, elle a fait l'objet d'importants travaux (conduite Grézieu-Pomeys), qui ont été terminés en 1892. L'inauguration du service des eaux a été faite par le ministre, Monsieur Jules Roche, et le maire, Monsieur Eugène Provot auquel notre ville est redevable de cette amélioration incontestable.

On fabrique des chapeaux de paille non seulement à Chazelles, mais encore à Lyon, Marseille, Saint-Symphorien-sur-Coise, Montbrison, Crespy-en-Valois, Bourg, etc... La fabrication des chapeaux de feutre, de drap et de soie occupe, en France, dix-neuf mille cinq cents personnes ; celle des chapeaux de paille, cinq mille cinq cents ; la garniture des chapeaux, cinquante mille personnes environ.

---

(1) Les principales fabriques de chapellerie, à Chazelles, sont : La Fabrique Française (Usine Provot), Usine Fléchet, Usine Ferrier, Maisons Blanchard, Morreton, Bourne, Perrichon, E. Rivoire, M. Croizier, France, Poncet et Aurard, Pupier et Péronnet, Maurice, Pluvy Frères, Croizier Frères.

Soierie

L'industrie du tissage des soieries pour parapluies, ombrelles et robes, était autrefois très florissante à Chazelles. Il y avait aussi un assez grand nombre de métiers de velours. Plusieurs comptoirs appartenant à des fabricants lyonnais, alimentaient, tant à Chazelles que dans la région, plus d'un millier de métiers. Aujourd'hui, cette industrie familiale a beaucoup diminué à cause du machinisme. Les jeunes filles chazelloises ont remplacé le tissage par des travaux de garniture des chapeaux de feutre, de couture et garniture des chapeaux de paille.

AGRICULTURE

La Campagne Chazelloise

L'aspect général de la campagne chazelloise est agréable, varié et passablement accidenté. Il présente aux regards : des champs, des prairies et des bois. Le sol est assez fertile, bien que, par endroits, la couche de terre arable n'ait qu'une faible épaisseur. La culture du blé, du seigle, de l'avoine, de l'orge, de la pomme de terre, de la betterave, du topinambour, etc... convient au terrain, qui, à part quelques terres en friche, est travaillé avec soin [1]. Les prairies naturelles et artificielles, le trèfle et le maïs servent à l'alimentation du bétail.

Le climat est peu favorable à la vigne, soit à cause des gelées tardives, soit à cause des premiers froids; aussi, n'est-elle pas cultivée à Chazelles.

Le pays est assez giboyeux; plusieurs chasses sont gardées. La végétation semble avoir sur Lyon un retard d'une quinzaine de jours environ. La température se rapproche

---

(1) Autrefois, la plaine du Forez (et notre région sans doute) était mal cultivée. On se rappelle le mot du premier Consul qui, après avoir traversé ce pays, demandait à un député « si l'on y grattait toujours la terre avec une branche d'arbre ». Aujourd'hui, à l'araire primitif a succédé la charrue, et il est probable que dans un avenir proche, l'emploi de tracteurs mécaniques, dans les terrains propices, facilitera la rude tâche du laboureur.

de celle de Saint-Etienne; les hivers sont assez rigoureux, et la neige séjourne parfois plusieurs mois à Chazelles. Il n'est pas rare qu'elle subsiste jusqu'à la fin de mai sur les montagnes d'Auvergne qui bornent l'horizon.

Plusieurs cours d'eau traversent le territoire de la commune. La Coise, dont la longueur est d'environ quarante kilomètres, prend sa source dans le département du Rhône, dans la chaîne des monts du Lyonnais, passe à Saint-Symphorien, Saint-Denis, Chazelles, Saint-Galmier, entre dans la plaine du Forez, et s'unit à la Loire (rive droite) à Meylieu-Montrond. Cette rivière poissonneuse coule dans une pittoresque vallée. Elle reçoit, au Moulin Brulat, la Gimond, et, plus en aval, l'Anzieu et Merlanson, jolis ruisselets qui serpentent dans de gracieux décors.

Dans les forêts, autrefois considérables, aujourd'hui de moyenne étendue, croissent le pin, le hêtre, le chêne, le bouleau, etc... Les sangliers et les loups y étaient communs au temps de nos ancêtres. En avril 1819, une battue aux loups fut ordonnée sur le territoire des communes de Saint-Galmier, Bellegarde, Maringes et Chazelles, à la suite d'un rapport du Maire de cette dernière localité « sur la multitude des loups qui se montrent dans sa commune, et y causent journellement des dégâts considérables ».

Chazelles compte environ deux cents fermes, dont six grandes (celles de Belle-Croix, de la Grand'Grange, Côte-Chaude, la Rouillière, la Girodière, la Thivillière), quarante-sept fermes moyennes, et les autres de moindre importance. Les bêtes à cornes sont au nombre de mille trois cents environ; les chevaux ne dépassent guère une quarantaine. Quant aux chèvres, aux moutons, aux porcs et aux volatiles de basse-cour, leur nombre est relativement restreint. L'apiculture commence à se développer.

Plusieurs machines à battre à grand et moyen rendement, des faucheuses, moissonneuses-lieuses, piocheuses, etc... sont à l'usage des agriculteurs; il est à désirer qu'elles puissent se multiplier pour aider l'activité des travailleurs du sol, au moment des grands travaux de la fenaison et de la moisson [1]. D'autres machines, bientôt sans doute, rendront plus aisés les labours et les semailles, là où la nature et la conformation du terrain le permettront.

Pour favoriser les intérêts ruraux, le Syndicat agricole fut constitué le 1ᵉʳ décembre 1903. Il a actuellement comme président Monsieur THIOLLIÈRE, maire de Saint-Médard, et comme vice-président Monsieur CLAVEL, conseiller municipal de Chazelles. Il comprend les communes de Chazelles, Chevrières, Saint-Médard, Saint-Denis-sur-Coise, Grammond, Viricelles et Maringes. Il rend de grands services aux cultivateurs; il est appelé, par son développement, à en rendre de plus considérables à l'avenir. Plusieurs trieurs, des " guimbardes " à transporter les animaux; des pulvérisateurs destinés à désinfecter et à assainir les étables, etc. sont sa propriété. Son extension permettra d'autres acquisitions très utiles, et les achats en commun de semences, grains, pommes de terre, engrais, phosphates, poudre d'os, scories, etc... pourront par la suite être multipliés [2].

Pendant la guerre, grâce principalement à Monsieur CLAVEL, le bureau du Syndicat a pu obtenir de la Commission départementale, par l'intermédiaire de la Mairie, des équipes agricoles qui ont, dans une certaine mesure, conjuré la crise de la main-d'œuvre au moment où un grand nombre d'agriculteurs étaient mobilisés. En passant, il convient de rendre un hommage spécial aux veuves (elles sont trente à Chazelles en ce moment) qui sont restées à la tête d'une exploitation agricole, malgré de grandes difficultés.

Signalons enfin que le Comice agricole, fondé le 27 juin 1886, subventionné par la Commune, l'Etat, le Conseil général et des particuliers, distribue chaque année quelques récompenses aux exposants les plus méritants.

---

(1) En 1852, grâce à Monsieur CHANAVAT, adjoint, fut créée à Chazelles la « loue » des ouvriers moissonneurs. Jusqu'alors, les cultivateurs de Chazelles et des environs étaient obligés d'aller à Saint-Symphorien chercher des ouvriers pour lever leur récolte.

(2) Je me permets de signaler aux cultivateurs un nouveau journal professionnel très intéressant et bien documenté sur les questions agricoles : « *La France Rurale* », paraissant tous les samedis.

Il est à souhaiter que l'Etat, pour empêcher la désertion des campagnes, et apporter son appui aux familles nombreuses, encourage de plus en plus, par des œuvres efficaces, le développement de l'agriculture, afin d'arriver, au mieux des intérêts de tous, producteurs et consommateurs, à résoudre le problème si complexe de la vie chère, problème intimément lié à la surproduction et au retour à la terre.

VIEUX USAGES

Pour compléter ces courtes notes historiques, indiquons, en terminant, quelques usages anciens qui avaient leur charme et leur poésie.

Il faut citer les feux de joie sur la montagne, le mardi-gras, à l'occasion du carnaval. On apercevait parfois plusieurs centaines de ces feux se détachant, le soir venu, sur les collines environnantes. De malins garçons prenaient plaisir, ce jour-là, à se déguiser en fantômes, à la plus grande frayeur des habitants des hameaux.

Le mois de mai était fêté par des chants, des cris de joie, des repas plantureux et arrosés de vin clairet. A pleine voix, accompagnés de quelque primitif instrument, les jeunes gens entonnaient un vieux refrain plein de naïveté et de malice gauloise, le long des chemins encadrés de fraîche verdure et de fleurs printanières :

« *Joli coucou, chante !...*
« *Joli mois de mai...*
« *Quand Jeanne va au moulin...*
« *Bonhomme revenant du champ...* »

Et la chanson s'égrenait, répétée par l'écho sonore, mêlée aux rires bruyants de la bande joyeuse qui assiégeait les fermes, et ne se retirait qu'après avoir obtenu du maître du logis les victuailles désirées.

Chacun connaît et observe encore l'usage de préparer en famille, le lundi de Pâques, à la campagne, une succulente omelette au lard, Autrefois, les œufs étaient teints de couleurs variées, et cachés dans l'herbe. Les enfants étaient chargés d'en faire la cueillette.

Nommons aussi les veillées d'hiver au coin de l'âtre, où nos aïeules filaient la quenouille, où les anciens teillaient le chanvre ; le réveillon de Noël, après la messe de minuit, coutume qui s'est perpétuée ; la " revolle " ou repas de la fin des battages de céréales. Les battages " au fléau " duraient très longtemps, et se terminaient par des jeux originaux, parmi lesquels une course pédestre dite " course de la brioche ", où le ruban qui enguirlandait l'énorme gâteau était offert au coureur le plus habile. D'interminables couplets en patois, des chansons de BÉRANGER ou de Pierre DUPONT, des complaintes anciennes, des danses villageoises clôturaient la fête, où toujours le pauvre avait sa part. Quelques-uns de ces usages existent encore.

Faut-il rappeler le " charivari ", vacarme assourdissant en l'honneur des veufs ou des veuves qui se remariaient dans certaines conditions, " charivari " qui ne cessait que grâce à la générosité de ceux ou celles qui convolaient en secondes noces ?

Une autre coutume, dans les mariages de jadis, était, pour les invités, de tirer des coups de pistolets chargés à blanc, coutume que j'ai remarquée à Paris, le jour de l'armistice, chez les Américains, qui manifestaient de cette manière leur joie exubérante de la cessation des hostilités.

La Saint-Isidore était célébrée par les laboureurs, la Saint-Jacques par les chapeliers, la Saint-Fiacre par les jardiniers, la Sainte-Barbe par les sapeurs-pompiers, la Sainte-Cécile par les musiciens, la Sainte-Catherine par les jeunes filles. Généralement, un office solennel, des jeux variés, un repas copieux et fraternel réunissaient les membres des corporations respectives. Aujourd'hui même, certaines de ces fêtes ont conservé leur cachet d'originalité.

La Fête-Dieu, avec ses cortèges imposants et gracieux, ses pavoisements et ses tentures où la blancheur des étoffes se mariait à l'éclat des fleurs multicolores ; la Saint-Jean, avec ses cérémonies locales qui faisaient accourir la foule des environs ; les processions des Rogations, à l'aube, à travers les chemins rustiques bordés d'aubépine et égayés par les chants des oiseaux ; les fêtes du tirage annuel, chères aux jeunes conscrits dont l'urne décidait le sort inégal ; les multiples divertissements qui accompagnaient la fête patronale ou " vogue ", et dégénéraient quelquefois, par suite de trop abondantes libations, en excès blâmables et en pugilats, tous ces souvenirs font partie des diverses manifestations de nos traditions chazelloises.

Enfin, nos grand-pères se rappelaient du veilleur communal qui, la nuit de la Toussaint, portant une lanterne allumée, s'arrêtait devant les fenêtres closes, les frappait de son bâton, et modulait sa monotone complainte :

> *« Gens qui dormez, réveillez-vous,*
> *et priez pour les trépassés ! »*

Il allait ensuite s'agenouiller au pied de la grande croix du cimetière, où au nom de tous, il récitait sa funèbre oraison.

Beaucoup de ces vieux usages ont disparu, laissant derrière eux de touchants souvenirs. La vie de nos provinces, de nos petites villes, de nos villages, de nos hameaux, a participé, dans une certaine mesure, à l'activité fiévreuse de nos cités. Les conditions de l'existence moderne se sont transformées, mais les sentiments de cordialité, de confiance réciproque, de loyauté absolue, ne doivent point s'altérer. Pour relever les ruines accumulées par la guerre, pour consoler les tristesses de tant de pauvres cœurs, il faut que l'égoïsme disparaisse, et que, dans la simplicité d'une vie calme et digne, chacun fasse revivre, pour son prochain et pour lui-même, les solides et fortes vertus dont le christianisme avait imprégné l'âme de nos pères.

A mes Compatriotes

Le Pays Natal

O vaillants Soldats de la Grande Guerre,
Au sein des dangers du Devoir austère,
Seuls, devant la mort, à quoi rêviez-vous ?
Vers quels horizons votre âme angoissée
Fuyait-elle, alors que votre pensée
S'emplissait d'audace et de fier courroux ?

A quoi rêviez-vous dans la nuit profonde,
Veillant en silence au salut du monde,
Pour que le Pays connût le réveil ?
Quand le froid, la faim, l'horrible détresse,
Au sombre ouragan mêlaient leur tristesse,
Où donc trouviez-vous un peu de soleil ?

C'était tout là-bas, dans la maisonnée,
Où l'aïeul, auprès de la cheminée,
Contait une histoire aux petits enfants ;
Où l'épouse aimante, ardente à l'ouvrage,
Au grand livre d'or écrivait la page
Que vous lui dictiez, Héros triomphants !

Vous rêviez, Soldats, à vos tendres Mères,
Qui, tout en chantant, berçaient vos chimères
Pour vous endormir, au bon temps jadis ;
Elles vous semblaient des êtres étranges
Qui, dans le lointain, paraissaient des anges
Sur terre apportant tout un Paradis !

Puis, du vieux clocher, chacune des pierres
Vous parlait aussi; l'humble cimetière
Etait pour vos cœurs la voix des Aïeux;
Et les chemins creux bordés de verdure,
Où des chants d'oiseaux fêtaient la nature,
Etalaient gaîment leur charme à vos yeux !

O Pays natal qui, dans les tempêtes,
Brillais comme un phare au-dessus des têtes,
Voici que vers toi, les Morts, les Vivants,
Les nombreux Blessés de tant de batailles
— Chênes du terroir tout couverts d'entailles, —
Viennent pour t'offrir l'hommage émouvant !

L'Allemand ne t'a pas violé, Chazelles !
De ton sol sacré, gardant les parcelles,
Nous y cueillerons demain des lauriers
Pour en couronner le front de nos Braves
Dont l'ardent effort, brisant nos entraves,
Fit, d'obscurs Soldats, d'illustres Guerriers !

L. P.

Chazelles-sur-Lyon, Juillet 1919.

Chazelles-sur-Lyon. — Imprimerie B.-A. BAZIN

www.ingramcontent.com/pod-product-compliance
Lightning Source LLC
LaVergne TN
LVHW021752170726
843503LV00004B/1841